*Ich wünsche allen kleinen und großen Köchen
viel Spaß auf der Expedition ins Reich der Töpfe.*

Doreen Remer

Inhaltsverzeichnis

Das Expeditionsteam	Seite 8
Ein großes Treffen und das Hygiene-Diplom	Seite 10
Die Parade der Küchengeräte	Seite 12
Die kleine Herdkunde	Seite 14
Los geht´s	Seite 15
Zeichenerklärung	Seite 16
Tilia Cordata, der sprechende Baum	Seite 19

Frühstücksrezepte

Fruchtrausch-Smoothie & Gaumenschmeichler-Smoothie	Seite 22
Hautschmeichler-Shake & Muskelprotz	Seite 24
Mini-Pancake & Perlenmüsli	Seite 26
Quarkmäuse	Seite 29
Milchreis mit Früchten	Seite 30

Die Pyramide & das Handmaß   Seite 32
Wasser, Quelle des Lebens   Seite 34

Snacks

Apfelpropeller & Witziges Gemüsekonfetti   Seite 36
Grüner & Orangefarbener Regenbogenaufstrich Seite 38
Gelber & Pinkfarbener Regenbogenaufstrich   Seite 40
Gemüse-Pommes mit Ampel-Dips & Apfelchips   Seite 42

Aquarelda, die weise Schildkröte   Seite 44

Vorspeisen

Salat   Seite 48
Runzelkartoffeln mit grüner Soße   Seite 49
Brot mit leckeren Buttervarianten   Seite 50
Kalte Gemüsesuppe-Gazpacho   Seite 53

Das magische Tischlein-deck-dich   Seite 54

Mittagessen – Rezepte für Hauptgerichte

Blaues & Rotes Kartoffelpü	Seite 58
Crazy Burger	Seite 59
Kartoffelrolle	Seite 61
Möhrenbandnudeln	Seite 62
Kohlrabinudeln	Seite 63
Kartoffelpuffer-Allerlei	Seite 64
Kerniges Kartoffel-Möhren-Miteinander	Seite 65
Gebackene Kräuterforelle	Seite 67

Nachspeisen

Kürbiscreme & Grießpudding	Seite 68
Kandierter Lagerfeuerapfel & Pfirsichschaum	Seite 70
Himbeerwackelpudding & Beerencreme	Seite 72

Im Höhlendorf Hochdrobendrauf	Seite 74
Gourmestos geheimnisvolles Buch	Seite 76

Abendessen

Tigerhäppchen & Brottorte	Seite 80
Zucchini-Souffle	Seite 83
Kunterbunte Gemüsepizza	Seite 84
Salat im warmen Mantel	Seite 87

Abschied von Hochdrobendrauf — Seite 88

Gebäck

Muffins	Seite 90
Kartoffelwaffeln & Geburtstagskuchen	Seite 92
Knusperberge	Seite 95

Coole Drinks für heiße Tage und Punsch & Bowle für kalte Zeiten

Glückspunsch & Murmelbowle	Seite 98
Eistee & Melissensekt	Seite 100
Magic Eiswürfel & Kräuterlimo	Seite 102

Das Spül-ABC	Seite 105
Einkaufszettel	Seite 106
Memory	Seite 129

Das Expeditionsteam

Florux

Florux ist ein Drache mit einem feurigen Lebensweg. Dabei ist Florux mit 364 Jahren in der Drachenwelt noch recht jung. Florux wurde im Dracheigebirge des Feuerspuck-Vulkans geboren. Schnell erkannte der damals noch kleine Drache seine Vorlieben: Essen und Trinken. So war seine berufliche Laufbahn vorgegeben. Drachen sind sensible Genießer und mit ausgezeichneten Geschmacksnerven ausgestattet. Sie können viel mehr schmecken als beispielsweise Menschen. Die Ausbildung zum Genussforscher und Genusskoch durch den weisen und berühmten Küchendrachen Schmeckfeuer lehrte ihn die Kochkunst und seine vielen tausend Geschmacksnerven einzusetzen. Er studierte zusätzlich Lebensmittelkunde und erfuhr alles Erdenkliche über den natürlichen Geschmack. Nach einigen Jahrzehnten Lehre durfte sich Florux fortan Schleckerologe nennen und ging auf Flugwanderschaft. Er wurde Küchenchef an verschiedenen Königshäusern auf der ganzen Welt und seine Geschmackskunst wurde berühmt. Begeistert schloss sich der Schleckerologe dem Expeditionsteam an.

Ken Chi

Ken Chi stammt aus China und studierte die Geheimwissenschaft des guten Geschmacks. Ihre Eltern waren vom Berufswunsch ihres Kückens nicht begeistert. „Lern doch was Vernünftiges", gackerten sie immer. Doch für Ken Chi stand fest: sie wird Akademikerin und studiert. Nach dem Studium der Natur- und Lebensmittelkunde folgte ein zweijähriges Praktikum in einer deutschen Forschungsanstalt. Hier, in Deutschland, beschäftigte man sich schon lange mit der Frage, warum viele Menschen in Europa und im fernen Amerika so dick werden und ob es nicht irgendwo auf der Welt noch verschollene Rezepte gibt. Durch ihren Fleiß und mit ihrer Klugheit fiel sie auch dem adeligen Professor Gourmet von Gackmeyer angenehm auf. Er ermöglichte es ihr die Geheimwissenschaften des guten Geschmacks zu studieren. Nach diesem umfangreichen Studium wurde sie beauftragt, ein Expeditionsteam zusammenzustellen. Mit einem Team von Experten sollte sie herausfinden, welche wunderbaren Rezepte es gibt, die schlank halten sowie lecker und gesund sind.

Cater Mom ist Schnüffelloge und kommt aus Amerika. Dort wird nämlich auch nach verloren gegangenen Genuss-Geheimnissen geforscht, und weil so viele leckere Rezepte fehlen, wird immer weniger selbst gekocht. Der Schnüffelloge, der gute Gerüche auf viele Kilometer hin erschnüffeln und analysieren kann, forschte und forschte, doch eine Lösung war noch nicht in Sicht. Da hörte er davon, dass die berühmte Geheimwissenschaftlerin Ken Chi im fernen Deutschland ein Expertenteam zusammenstellte, um durch eine Expedition ins Reich der Töpfe Antworten auf diese Fragen zu finden. So reiste er kurzentschlossen nach Deutschland und schloss sich dem Team an.

Cater Mom

Das große Treffen

Bei einem ersten Treffen lernten sich die Experten kennen und gemeinsam planten sie die große Reise in fremde Regionen. Sie wollten auf ihrer Expedition ins Reich der Töpfe viele neue, schmackhafte Rezepte finden und erforschen, wie Menschen ganz einfach schlank und gesund bleiben. Sie hofften, vielleicht auch längst vergessene oder verschollene Köstlichkeiten zu finden. Doch zuerst präsentiert Euch das Expeditionsteam „Die Parade der Küchengeräte" und alle angehenden Küchenmeister müssen das Hygiene-Diplom ablegen. Denn Sauberkeit in der Küche ist ganz wichtig, wenn alles gut gelingen soll.

Das Hygiene-Diplom

Durch das Rätsel kannst Du herausfinden, worauf Du beim Kochen achten solltest, damit alles richtig lecker wird. Leg doch das Hygiene-Diplom gleich ab. Finde dazu die Antworten auf die Fragen. In jedes Kästchen gehört nur ein Buchstabe. Die Buchstaben in den farbigen Kästchen ergeben in der richtigen Reihenfolge das Lösungswort.

Waagerecht

1. Was legen kluge Köche ab, bevor sie in die Küche gehen?
2. Wasser reicht für saubere Hände allein nicht. Was brauchen Köche noch dazu?
3. Was machen Köche eine halbe Minute mit Wasser und Seife?
4. Wie decken Köche Wunden ab?
7. Was holt sich ein Koch nach dem Kosten neu und steckt es nicht wieder ins Essen?
10. Was machen Köche, bevor sie Gefrorenes zubereiten?
12. Was nehmen Köche zur Hilfe, damit auch die Fingernägel beim Waschen sauber werden?

Lösungswort

Senkrecht

5. Was wird zusammengebunden, damit sie nicht ins Essen fallen?
6. Was bindet man in der Küche selbstverständlich um?
8. Womit klebt ein Koch eine Wunde ab?
9. Was macht man, wenn man beim Kochen niesen oder husten muss?
11. Wo tauen kluge Köche Gefrorenes langsam auf?

Auflösung am Ende des Buches

Parade der Küchengeräte

Jetzt marschieren die Küchengeräte für Dich zur Parade auf und stellen sich vor. Das macht es Dir leicht, alle Geräte schnell zu kennen und zu wissen, wofür Du sie benutzen kannst. Uff tatata, uff tata, die Küchengeräte kommen!

Die **Eieruhr** klingelt, wenn die durch Drehen an der Scheibe eingestellte Zeit abgelaufen ist.

Mit der **Getreidemühle** werden Getreidekörner zu Schrot oder Mehl zerkleinert.

Die **Knoblauchpresse** drückt beim Herunterdrücken des Stempels den Knoblauchbrei durch die Löcher im Boden.

Der **Bratenwender** dreht durch Unterschieben Gebratenes um.

Der **Eierpiekser** piekt beim Herunterdrücken ein Löchlein in die Eierschale, damit die Luft entweichen kann. Dann platzt die Eierschale nicht beim Kochen.

Der **Sparschäler** schält ganz dünn die Schale von Obst und Gemüse ab.

Der **Eitrenner**, sein Name sagt es schon, trennt das Eidotter, zu dem wir auch Eigelb sagen, vom Eiweiß. Das Dotter bleibt im Aufsatz und das Eiweiß fließt in den Becher.

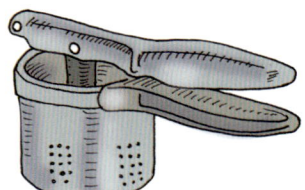

Die **Kartoffelpresse** zerquetscht bei Herunterdrücken des Stempels die gekochten Kartoffeln zu Brei.

Das **Küchensieb**, auch Seiher genannt, hält Festes im Sieb und Flüssiges fließt durch.

Der **Melonenlöffel** schneidet durch Drehen kleine Kugeln aus der Frucht.

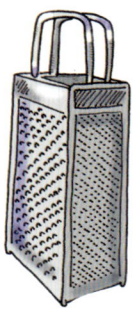

Die **Küchenreibe** raspelt Lebensmittel in feine Späne.

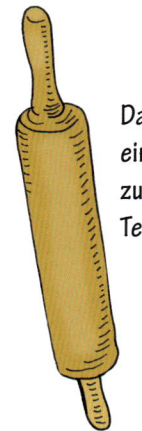
Das Nudelholz rollt einen Teigklumpen zu einer dünnen Teigplatte aus.

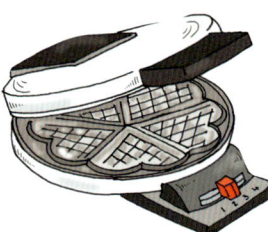
Das Waffeleisen bäckt zwischen den heißen Eisen aus flüssigem Teig leckere Waffeln.

Der Dorn der Saftpresse drückt beim Drehen der halben Frucht den Saft heraus. Der fließt durch das Sieb in das Gefäß.

Der Mörser besteht aus Schälchen und Stößel. Mehrere Zutaten im Schälchen werden mit dem Stößel zu Pulver zerrieben und zerstoßen.

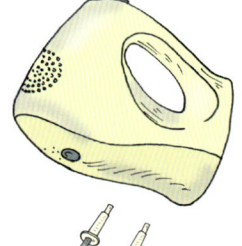

Der elektrische Mixer schlägt mit den Rührquirlen leichte Sachen wie Sahne auf und knetet mit den Haken Zutaten zu Teig.

Rührquirle   Knethaken

Der Stampfer zerdrückt Kartoffeln zu einem feinen, cremigen Brei.

Der Teigschaber heißt Geizhals, weil der Gummiwischer auch letzte Teigreste aus dem Gefäß schabt.

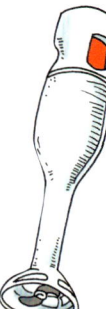
Der Pürierstab, oder auch Zauberstab genannt, häckselt weiche Nahrung zu Mus.

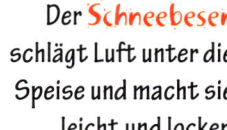
Der Schneebesen schlägt Luft unter die Speise und macht sie leicht und locker.

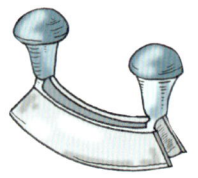
Das Wiegemesser hackt mit der Doppelklinge Kräuter und Nüsse klein.

Die Nudelmaschine formt aus dem Teig Nudeln.

Die kleine Herdkunde

Oben sind beim Herd die Kochflächen. Hier werden die Töpfe aufgestellt.

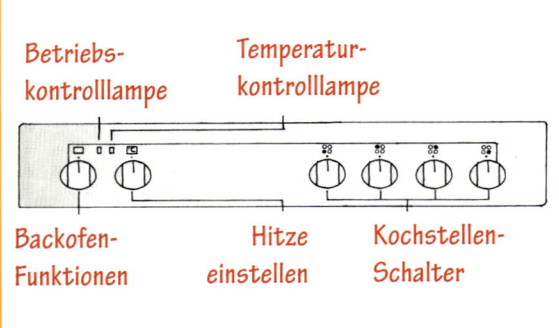

Betriebs-kontrolllampe **Temperatur-kontrolllampe**
Backofen-Funktionen **Hitze einstellen** **Kochstellen-Schalter**

Vorn findest Du Drehknöpfe.
Hier schaltest Du die Herdplatten und den Backofen ein und regelst, wie heiß sie werden.

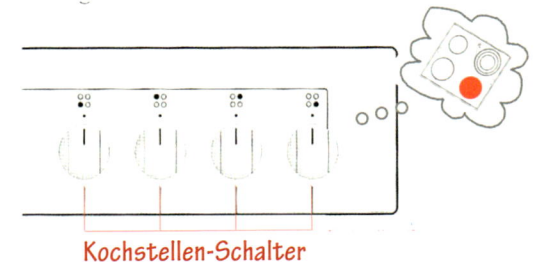

Kochstellen-Schalter

Rechts befinden sich die Drehknöpfe für die Herdplatten.

Drehst Du den Knopf nach rechts, wird die Platte heiß.

Eine hohe Zahl bedeutet, dass die Platte sehr heiß wird.

An der Zeichnung über dem Drehschalter erkennst Du, welche Kochplatte warm wird.

Das Bild ist so gemalt, als würdest Du von oben auf den Herd mit den Kochplatten gucken.

Wichtiger Tipp vom Küchenteam:

Verlasse nie den Herd, solange Du kochst!!!

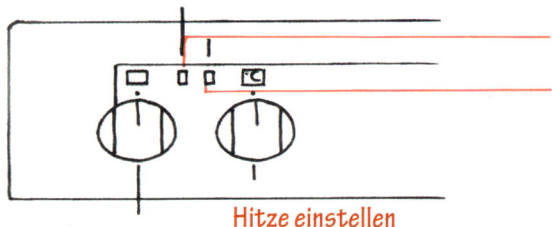

Backofen-Funktionen   **Hitze einstellen**

Betriebs-Kontrolllampe: Wenn sie leuchtet, ist der Herd an.

Temperatur-Kontrolllampe: Wenn sie leuchtet, heizt der Backofen an, um auf die gewünschte Temperatur zu kommen.

Links sind zwei Drehknöpfe für die Backröhre. An einem Drehknopf stellst Du die Temperatur ein. Am zweiten Drehknopf wählst Du, ob die Hitze von oben, von unten oder von oben und unten kommt.

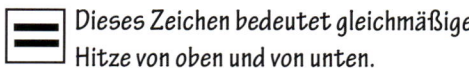

Dieses Zeichen bedeutet gleichmäßige Hitze von oben und von unten.

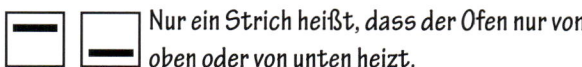

Nur ein Strich heißt, dass der Ofen nur von oben oder von unten heizt.

Dieses Zeichen bedeutet Umluft und verkürzt die Garzeiten. Schalte es nur ein, wenn es im Rezept steht.

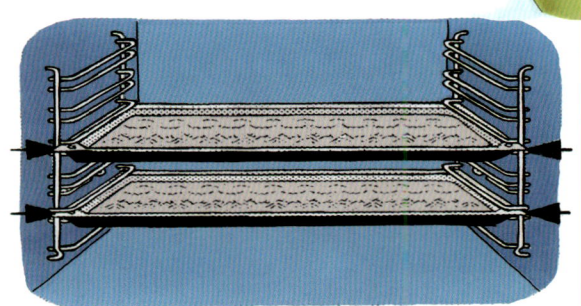

Wenn Du die Klappe der Backröhre aufmachst, kannst Du das Gitter oder Blech oben, in die Mitte oder unten reinschieben.

Sie kletterten über Gebirge, schwammen durch reißende Gewässer und wanderten viele Tage lang. So durchquerten sie auf abenteuerlichen Pfaden die seltsamsten Gegenden. In diesem Buch erzählen sie von ihren Abenteuern und Ken Chi hat alle tollen Rezepte für Euch aufgeschrieben. Vom Frühstück über die Hauptgerichte und Snacks bis zum Abendessen sowie erfrischenden Getränken. Hier findet Ihr alles, was toll schmeckt und guttut. Nun beginnt die Reise und wir erzählen Euch von der „Expedition ins Reich der Töpfe".

Zeichenerklärung

Einige spezielle Maßeinheiten und besondere Begriffe beim Kochen:

Tasse: Gemeint ist eine Tasse, kein Becher. Wenn Du sie bis zu einem Daumenbreit unter den Rand füllst, hast Du genug von dieser Zutat für das Rezept.

Glas: Du füllst ein Trinkglas bis kurz unter den Rand. So hast Du die Zutat aus dem Rezept richtig abgemessen.

Becher: Ein Becher ist eine große Tasse. Diese machst Du bis fast an den Becherrand voll. Das ist die genaue Menge, die Du brauchst.

Tüte: Einige Zutaten werden in Tütchen abgepackt und verkauft. Verwende so viele Tütchen, wie es im Rezept steht.

Zehe: Eine Knoblauchknolle besteht aus vielen Knoblauchzehen. Das Bild zeigt dir den Unterschied zwischen Knolle und Zehe.

Stange: Einige Gewürze wie Zimt gibt es in gemahlener Form oder so, wie er in der Natur vorkommt, nämlich als ganze Stange.

Blatt: Verwende nur ein Blatt oder die Anzahl von Blättern, die im Rezept steht für das Gericht.

Hand voll: Du zupfst so viele Blätter von den Kräutern und hackst sie klein, bis die Menge Deine Handfläche füllt.

Bund: Ist ein Strauß zusammengebundener Kräuterstengel. Im Rezept sind die Blättchen eines ganzen Kräuterbündels gemeint.

Aufkochen: Das bedeutet, etwas soll nur ganz kurz zum kochen gebracht werden, aber nicht lange kochen. Sobald es kocht, muss es von der Herdplatte genommen werden.

1 TL lautet die Abkürzung für
1 Teelöffel voll. Das ist ein kleiner Löffel. Du nimmst so viel, wie auf diesen Löffel passt.

1 EL ist die Abkürzung für
1 Esslöffel voll. Ein Esslöffel ist ein größerer Löffel, z.B. um eine Suppe zu essen.

1 Löffel (TL oder EL) voll
bedeutet nicht, dass ein großer Haufen auf dem Löffel sein soll, sondern eine sehenswerte Menge wie auf dem Bild.

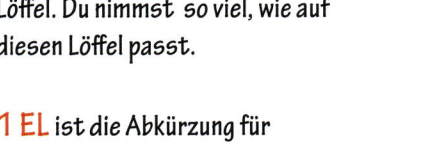

1 gestrichener TL oder EL
ist etwas weniger als ein Löffel voll. Gestrichen bedeutet hierbei, dass die Menge auf dem Löffel ungefähr mit dem Rand der Löffelmulde abschließt.

Msp. ist die Abkürzung der wichtigen Maßeinheit
„Messerspitze". Es ist so viel von einer Zutat, wie auf die Spitze eines Messers passt. Also mehr als eine Prise, aber weniger als ein gestrichener Teelöffel voll.

Eine Prise: Das ist genau so viel, wie Du zwischen Daumen und Zeigefinger Deiner Hand bekommst. Also noch weniger als eine Messerspitze voll.

Tropfen: Das heißt, Du gibst wirklich nur, wie es im Rezept steht, Tropfen von einem Saft oder einer Zutat dazu.

Schuss: Das ist gerade so viel, wie aus einer Flasche fließt, wenn Du die Flasche einmal ganz kurz kippst.

Schwierigkeitsgrad

 sehr einfach

  mittelschwer

   etwas schwieriger

weitere Abkürzungen

½ = ein halbes, eine halbe, ein halber
¼ = ein viertel
kl. = klein, kleine, kleiner
St. = Stück
Pckg. = Packung
gem. = gemahlen
g = gramm
l = liter

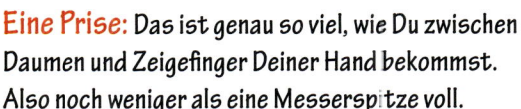

Tilia Cordata, der sprechende Baum

Sie wanderten lange und kamen in eine fruchtbare Gegend, von der sie noch nie etwas gehört hatten. An einem goldgelb wogenden Getreidefeld machten Sie unter einer stattlichen alten Linde Rast und packten ihr Picknick aus.

Kaum saßen sie unter dem wunderschönen Baum, vernahmen alle drei plötzlich eine wohlklingende, von knorrigem Knarzen unterbrochene Stimme: "Hallo? Sind da Gäste?" Verwundert schaute Florux zu Ken Chi. Die wiederum schaute fragend Cater Mom an. Sie blickten um sich, aber sie entdeckten niemanden.

„Haach", seufzte die Stimme, „seid ihr überrascht, dass manche Bäume, so wie ich, sprechen, sehen und hören können?", säuselte die Linde. Dabei erzitterte der ganze Baum. Seine glänzend grüne Baumkrone raschelte und die Äste knarrten rhythmisch.

Ken Chi war gleich aufgekratzt: „Oh, äh, nein, ja… für mich ist das neu", gluckste sie freudig erregt. „Wohl wahr", zischte Florux, „in meiner Jugend habe ich schon mal davon gehört".

Bei Cater Mom vibrierten die Barthaare. Schnurrend begann er sofort zu schnuppern, als ob er nur seinem Riecher trauen könnte. „He, Herr Drache, pass bitte auf, wo Du hinsprichst, Du steckst mich sonst noch in Brand", mahnte die alte, sommerlich duftende Baumdame. Florux sog den Lindenblütenduft tief ein und schnaufte dann durch die Nasenlöcher. „Wir sind auf einer Expedition. Grüß dich, verehrter Baum", sprach Cater Mom. „Auf einer abenteuerlichen Forschungsreise? Das ist interessant! Was erforscht ihr denn?", fragte die Linde. „Wir sind Küchenexperten. Wir wollen mehr über Lebensmittel herausfinden und was einen richtigen Gaumenschmaus ausmacht und ob es irgendwo noch längst vergessene Rezepte gibt", piepte Ken Chi, ohne einmal Luft zu holen, dabei stellte sie das Team und sich selbst vor.

„Ich bin Tilia Cordata, sehr angenehm", säuselte die Baumdame klangvoll aus ihrem Geäst. „Macht es Euch unter meinem Blätterdach bequem, ich will gerne mein Wissen mit Euch teilen, denn ich stehe hier schon seit 1000 Jahren".

Und auch Öl aus Getreidekeimen macht unseren Speisezettel reicher", erklärte die alte Linde. „Das Mehl braucht der Bäcker", rief Florux. Tilias Äste nickten und ein Windhauch erfrischte die drei Forscher. „Hmm, Quarkmäuse," mauzte Cater Mom und seine rosa Zunge schleckte fast bis an seine Nase. „Lieber Vollkornpfannkuchen!", schnaubte Florux. „Nö", meinte Ken Chi, „ich picke morgens lieber mein Perlenmüsli". Tilia lächelte sanft: „Aber, aber meine Lieben", beschwichtigte sie. „In einem seid ihr Euch doch wohl einig. Ihr mögt gern Vollkorn". Alle drei nickten kräftig. Florux zischelte erhitzt eine kleine Flamme und begann zu erzählen: „Nun, ich war während meiner Lehre vor 172 Jahren bei einem Bäcker am Hinterhorizondantischen Königshof. Dort habe ich Vollkorn-Leckerbissen gebacken. Bei Vollkorn, das sagt schon der Name, wird das ganze volle Korn zermahlen. Nichts davon wird verschmäht. Die Schale, der Mehlkörper und auch der Keim sind noch dabei".

Nun spitzte das Expeditionsteam die Ohren, lehnte sich entspannt an ihren glatten Stamm und blickte in das glitzernde Spiel der Sonnenstrahlen im grün schillernden Blätterdach. „Seht", summte Tilia Cordata und ihre Äste schaukelten rüber zu den Feldern um sie herum. „Seit vielen Jahrhunderten steht hier Getreide wie Weizen, Dinkel, Roggen, Hafer, Mais, Gerste. Früher wuchsen hier auch die alten, heute fast verschwundenen Getreidearten wie Einkorn, Emmer oder Kamut. Den goldgelb wogenden milden oder harten Weizen kennen wohl die meisten." Florux hakte ein: „Aus den Körnern des milden Weizens backen wir Brot und aus Hartweizen machen wir Spaghetti und andere Nudeln". Tilia nickte anerkennend und ihre rauschend grüne Krone schaukelte. „Ja, aus Getreide kann man viel machen. Es gibt Mehl, Stärke, Grieß, Grütze, Graupen, Kleie, Flocken, Popcorn aus Mais und Getreidekaffee. Zarte Getreidekeime passen gut in einen frischen Salat. Sie sind reich an Vitaminen.

Tilia Cordata raunte aus ihrer durch den lauen Sommerwind bewegten Blätterkrone. „Deshalb sind eure Lieblingsgerichte so geschmackvoll. Vollkorn ist lecker. Die Stärke liefert Energie. Das gibt dem Körper für eine lange Zeit Kraft. Zusätzlich sind viele Mineralien und Pflanzenstoffe darin, die unsere Verdauung anregen und die unser Körper braucht."

Die alte Baumdame machte eine knisternde Pause. Das Forscherteam spürte, wie Tilia sich erinnerte. „Vollkornmehl ist ideal zum Backen von Brot oder Kuchen und macht viel länger satt als das ganz weiße Mehl ohne das volle Korn. Damit die Bäcker und wir es erkennen können, druckt man das Wort Vollkorn auf die Tüten", miaute Cater Mom.

Baumdame Tilia sah wohlwollend auf Florux, Ken Chi und Cater Mom mit ihrer geneigten Baumkrone herunter. Cater Mom hörte mit seinen empfindlichen, flauschigen Öhrchen das gleichmäßige Rauschen und Gluckern des Wassers unter ihrer uralten Rinde.

Er lauschte, wie es vom Boden bis in ihre lindgrünen Blätter stieg. Er gähnte genüsslich und seine Schnurrhaare zitterten dabei. Ken Chi pinselte fleißig das neue Wissen in das Forschungstagebuch. Sie fügte einen eigenen Merksatz hinzu: „Gut kauen ist wichtig!" Gemeinsam verbrachten sie mit Tilia einen schönen Abend. Als die Sonne sank, schwirrten Glühwürmchen um sie herum und unter dem Singsang im schützenden Blätterdach und dem süßen Duft der Linde schliefen sie aneinandergekuschelt ein.

Frühstücksrezepte

Fruchtrausch-Smoothie

**Zeitbedarf
20 Minuten**

Schwierigkeitsgrad

Zutaten

2 Personen	4 Personen
1 Hand voll Himbeeren	2 Hände voll Himbeeren
4 Erdbeeren	6-8 Erdbeeren
1 reife Banane	2 reife Bananen
2 TL flüssiger Honig	4 TL flüssiger Honig
1 Schuss Zitronensaft	2 TL Zitronensaft
1 Schuss Mineralwasser	1/2 Glas Mineralwasser
2 Minzblätter	4 Minzblätter

1. Wasche die Erd- und Himbeeren gründlich unter kaltem Wasser.
2. Leg sie zum Abtrocknen auf ein Küchenpapier.
3. Schäle die Banane und schneide sie in kleine Stücke.
4. Dann gibst Du das Obst, den Honig und den Zitronensaft in einen Standmixer oder Du arbeitest mit einem Pürierstab.
5. Du pürierst alles ganz fein, bis der Smoothie cremig und trinkfertig ist.

Tipp von Cater Mom:
Schneide eine Zitronenscheibe bis zur Mitte auf und stecke sie an ein Glas mit einem Minzblatt. Das sieht zu dem roten Smoothie toll aus.

Frühstücksrezepte

Gaumenschmeichler-Smoothie

1. Schäle die Süßkartoffeln mit dem Sparschäler.
2. Schneide sie in kleine Würfel und koche sie 30 Minuten in Wasser mit einer Prise Salz.
3. Schäle während dieser Zeit die Banane und schneide sie in kleine Stücke.
4. Wasche die Erdbeeren und schneide sie in der Mitte durch.
5. Presse den Saft aus einer halben Zitrone heraus.
6. Nun kommen alle Zutaten in einen Mixer oder in eine hohe Schüssel und werden im Mixer oder mit einem Pürierstab zu Brei zerkleinert.
7. Wenn Du nach zirka 30 Minuten mit der Gabel in die Würfel der Süßkartoffel hineinpiekst, sollten sie sich weich anfühlen.
8. Danach gießt Du das Wasser ab und lässt die Süßkartoffel abkühlen.
9. Mische die kalten Süßkartoffelwürfel und das stille Mineralwasser zum Fruchtbrei.
10. Zerkleinere alle Zutaten bis der Smoothie richtig schön cremig ist und verteile ihn auf kleine Gläschen.

Zeitbedarf 45 Minuten

Schwierigkeitsgrad

Zutaten

2 Personen	4 Personen
½ Süßkartoffel	1 Süßkartoffel
½ Banane	1 Banane
5 Erdbeeren	10-12 Erdbeeren
7 Tropfen Zitronensaft	1 Schuss Zitronensaft
1 Schuss stilles Mineralwasser	3 EL stilles Mineralwasser

Frühstücksrezepte

Hautschmeichler-Shake

Zeitbedarf
15 Minuten

Schwierigkeitsgrad

Zutaten

2 Personen	4 Personen
½ Becher Karottensaft	1 Becher Karottensaft
½ Becher Orangensaft	1 Becher Orangensaft
1 Msp. Ingwer	2 Msp. Ingwer
1 EL Zitronensaft	2 EL Zitronensaft
1 EL Haferflocken	2 EL Haferflocken
1 Becher Joghurt	2 Becher Joghurt
1 Prise Salz	2 Prisen Salz
1 EL Sonnenblumenöl (kalt gepresstes)	2 EL Sonnenblumenöl (kalt gepresstes)
1 Zitrone oder Orange	1 Zitrone oder Orange

1. Gib alle Zutaten in den Standmixer oder, wenn Du keinen Standmixer hast, in eine Schale.
2. Nun schälst Du eine hauchdünne Scheibe von einer frischen Ingwerwurzel und hackst sie in kleine Stückchen.
3. Jetzt mixt Du alle Zutaten im Standmixer oder in einer hohen Schüssel mit einem Pürierstab, bis Du einen feinen, cremigen Shake hast.
4. Fülle den Shake in schöne Gläser.
5. Schneide für jedes Glas eine Orangen- oder Zitronenscheibe bis zur Mitte ein und stecke sie als Dekoration an den Glasrand.

Tipp von Ken Chi:
Dieser Shake ist super für Eure Schönheit und für eine frische Ausstrahlung. Er gibt dem Körper viel Vitamin E für eine strahlend schöne Haut. Vitamin A unterstützt den natürlichen Sonnenschutz von innen und ist gut für die Augen. Vitamine der B-Gruppe stärken die Fingernägel und eine riesige Portion Vitamin C baut Frische und Widerstandskraft auf.

Frühstücksrezepte

Muskelprotz

Zeitbedarf 15 Minuten

Schwierigkeitsgrad

1. Schäle die Banane und schneide sie in kleine Stückchen.
2. Gib die Bananenstücke mit allen Zutaten in den Standmixer oder, wenn Du keinen hast, in eine Schale für den Pürierstab.
3. Jetzt schaltest Du den Standmixer ein oder benutzt den Pürierstab, bis Du einen cremigen Shake hast.
4. Koste Deinen Shake. Wenn Du magst, kannst Du ihn mit Honig noch etwas süßer machen.
5. Fülle den Shake in schöne Gläser.
6. Schneide für jedes Glas eine Zitronenscheibe bis zur Mitte ein und stecke sie als Dekoration an den Glasrand.

Zutaten

2 Personen	4 Personen
1 Banane	2 Bananen
4 EL Sanddornsaft	8 EL Sanddornsaft
1 Becher Buttermilch	2 Becher Buttermilch
2 TL flüssiger Honig	4 TL flüssiger Honig
1 Zitrone	1 Zitrone

Tipp von Ken Chi:
Muskelprotz ist mehr als ein Shake. Das ist schon eine richtige Sportlernahrung. Die wertvollen Kohlenhydrate der Banane und der energiereiche Milchzucker sorgen für die nötige Power. Das hochwertige Eiweiß der Buttermilch ist wichtig für den Muskel-, Nerven- und Knochenaufbau. Magnesium und Calcium braucht euer Körper für die aktive Muskelarbeit.

Frühstücksrezepte

Zeitbedarf
20 Minuten

Schwierigkeitsgrad

Zutaten

2 Personen	4 Personen
¼ Stück Butter	½ Stück Butter
2 Eier	4 Eier
1 Glas Milch	2 Gläser Milch
4 EL Mineralwasser	8 EL Mineralwasser
1 Tasse Mehl	2 Tassen Mehl
2 TL flüssiger Honig	4 TL flüssiger Honig

Mini-Pancake

Und so wird es gemacht!

1. Du verrührst Eier, Milch, Mineralwasser, Honig und Mehl mit dem elektrischen Mixer und mit den Rührern zu einem dünnflüssigen Teig.

2. In der Pfanne erhitzt Du die Butter, bis sie flüssig ist und sich auf dem Pfannenboden verteilt.

3. Gib mit einer kleinen Kelle drei Teigkleckse so groß wie deine Handfläche in die Pfanne. Achte darauf, dass sich die Teigkleckse nicht berühren.

4. Brate sie, bis sie fest werden und der Teig nicht mehr fließt.

5. Dann drehst Du sie mit dem Bratenwender auf die andere Seite.

6. Nun wartest Du so lange, bis die Unterseite goldbraun ist, dann wendest Du sie noch einmal. Ist auch die zweite Seite schön braun, kannst Du die fertigen Pfannkuchen auf einen Teller legen.

Tipp von Florux:
Wenn Du die Milch für den Teig mit ein wenig Mineralwasser mischst, wird der Teig noch lockerer. Obst wie z.B. Erdbeeren und Bananen oder Apfelmus schmecken sehr lecker dazu.

Frühstücksrezepte

Perlenmüsli

Zeitbedarf
20 Minuten

1. Beginne einen Tag zuvor und koche abends das Getreide mit Wasser und Salz 15 Minuten lang.
2. Lass es abkühlen und stell das Getreide mit dem Wasser über Nacht in den Kühlschrank.
3. Schäle morgens den Apfel. Reibe ihn mit einer Küchenreibe in eine große Schüssel.
4. Schütte das Getreide in ein Sieb, damit das Wasser abläuft.
5. Mische das Getreide mit dem geriebenen Apfel.
6. Gib die Sahne und den flüssigen Honig in eine Rührschüssel und schlage sie mit dem Mixer cremig.
7. Die geschlagene Sahne hebst Du mit einem Löffel unter den Brei.
8. Alle Zutaten gut verrühren.
9. Nun kannst Du das Perlenmüsli in zwei Schüsseln anrichten.

Schwierigkeitsgrad

Zutaten

2 Personen	4 Personen
1 TL Grünkern	2 TL Grünkern
1 TL Weizen	2 TL Weizen
½ Becher Sahne	1 Becher Sahne
½ TL flüssiger Honig	1 TL flüssiger Honig
1 Prise Salz	1 Msp. Salz

Tipp von Cater Mom:
Statt des Apfels kannst Du auch ein paar frische süße Früchte hineinschnippeln.
Wenn Du magst, wasche einige Beeren und leg sie zusammen mit einem Minzblättchen auf das Müsli.

Frühstücksrezepte

Frühstücksrezepte

Quarkmäuse

1. Behalte eine halbe Tasse Mehl zurück, das andere Mehl verrührst Du in einer Rührschüssel mit Backpulver, Salz, Ei, Quark und Honig. Mit dem Mixer und den Knethaken rührst Du alles zu einem Teig.
2. Dann gibst Du nur so viel Milch dazu, bis der Teig richtig zäh, aber keinesfalls klebrig wird. So kannst Du ihn besser formen.
3. Nimm das Kuchenblech aus dem Ofen und lege ein Stück Backpapier darauf.
4. Stelle den Ofen auf 180 Grad ein und schalte ihn an.
5. Streue Mehl auf die Arbeitsfläche. Teile mit einem Esslöffel Teig für eine handgroße Maus ab.
6. Nimm ein bisschen Mehl in Deine Hände, forme die Quarkmäuse und leg sie auf das Backpapier.
7. Bepinsele die Mäuse mit Milch, dann glänzen sie schön, wenn sie fertig gebacken sind.
8. Backe sie 20 Minuten bei 180 Grad auf der mittleren Schiene.
9. Wenn Du mit einem Holzzahnstocher hineinpiekst und kein Teig am Stäbchen klebt, sind Deine Mäusebrötchen fertig.
10. Lass sie im Ofen bei offener Klappe abkühlen.

Zutaten

2 Personen	4 Personen
2 große Tassen Dinkelvollkornmehl	4 große Tassen Dinkelvollkornmehl
2 TL Backpulver	2,5 TL Backpulver
1 TL Salz	1,5 TL Salz
1,5 TL Honig	2 TL Honig
½ kl. Becher Magerquark	1 kl. Becher Magerquark
1 Ei	2 Eier
1 Schuss Milch	¼ Tasse Milch

Tipp von Cater Mom:
Mäuse kneten ist ganz einfach! Nimm einen großen Esslöffel Teig in die Hand. Rolle eine dicke Wurst. Knete auf einer Seite ein spitzes Näschen und ziehe zwei kleine Ohren aus. Am anderen Ende bringst Du ein Schwänzchen an.

Frühstücksrezepte

Zeitbedarf
45 Minuten

Schwierigkeitsgrad

Zutaten

2 Personen	4 Personen
2 Tassen Milch	2 Becher Milch
2 TL flüssiger Honig	4 TL flüssiger Honig
1 Msp. Zimt	2 Msp. Zimt
1 Tasse Milchreis	1 Becher Milchreis
1 Prise Salz	1 Prise Salz
2 Blatt weiße Gelatine	4 Blatt weiße Gelatine
1 kleines Glas Schattenmorellen (Kirschen)	1 Glas Schattenmorellen (Kirschen)
4 EL Sahne	8 EL Sahne
Mark einer ½ Vanilleschote	Mark einer Vanilleschote

Tipp von Ken Chi: Du kannst den Reis auch aus der Schale auf einen Teller stülpen. Garniert mit einigen Minzblättern oder Melisse hast Du einen Augenschmaus zum Frühstück.

Milchreis mit Früchten

1. Schneide die Vanilleschote mit der Messerspitze der Länge nach auf und kratze das braune Vanille-Mark heraus.
2. Die Gelatineblätter legst Du für 5 Minuten in eine Tasse mit Wasser.
3. Koche die Milch, das Vanillemark, Salz, Zimt und Honig behutsam zusammen in einem Topf nur so lange auf, bis sich etwas Milchschaum bildet.
4. Spüle den Reis in einem Küchensieb unter fließendem Wasser ab.
5. Nachdem der Reis gründlich abgetropft ist, schüttest Du ihn in die heiße Milch und lässt ihn 25 Minuten zum so genannten Quellen drin. Rühr regelmäßig um! Den Herd kannst Du schon ausschalten.
6. Nun drückst Du die glibberig gewordene Gelatine mit den Händen gut aus und rührst sie in den Milchreis.
7. Rühre gut um, damit die Gelatine sich auflöst.
8. Den fertigen Reis zum Abkühlen von der Herdplatte nehmen.
9. Die Kirschen müssen in einem Sieb gut abtropfen.
10. Anschließend schichtest Du in einer Glasschale eine Reihe Kirschen und eine Schicht Reis abwechselnd übereinander.
11. Vor dem Servieren stellst Du den Milchreis kühl, aber er schmeckt auch warm.

Die Pyramide

Nun waren die drei Experten schon einige Tage unterwegs. Eines Abends, nachdem das Forscherteam genüsslich am Lagerfeuer einen glänzenden, köstlich duftenden kandierten Apfel vom Stock verspeist hatte, ging Florux spazieren. Schnaubend und dampfend kehrte er nach kurzer Zeit zurück. Er hatte etwas Spannendes entdeckt: einen pyramidenförmigen Stein mit fremdartigen Schriftzügen und rätselhaften bunten Bildern. Ken Chi flatterte gleich neugierig um den Fundort herum. Die Professorin untersuchte den Stein im flackernden Schein der Laterne ganz aufmerksam. Bald war die Wissenschaftlerin den merkwürdigen Zeichen auf der Spur. Ein uraltes Geheimnis lag in der Luft. Sie vermutete, dass die Pyramide ein alter Einkaufsratgeber sein könnte. Beim Frühstück bat sie ihre Kollegen um Hilfe. Neugierig gingen die Drei um den Steinblock herum. Plötzlich hatte die Professorin einen Einfall. Mit einem Spiegel drehte Ken Chi die Bilderschriftzeichen auf den Kopf und hüpfte mit den Flügeln flatternd erfreut umher. Erstaunt entzifferte sie die Weisheiten auf der verwitterten Pyramide und stellte fest, die Pyramide war falsch herum bemalt worden. Mit dieser genialen Erkenntnis wurde Ken Chi schnell klar, warum die Bewohner dieser Region nicht rank und schlank blieben: Sie hatten alles falsch herum verstanden und auch nur eine Seite der Pyramide gesehen. Deshalb hatten die Menschen hier anscheinend immer zuviel von den Lebensmitteln aus der Pyramidenspitze, aber zu wenig aus dem unteren Teil gegessen und getrunken.

Also packten Cater Mom und Florux mit an. Und schwuppdiwupp, stand die Pyramide auf dem Kopf.

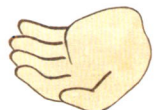 # & das Handmaß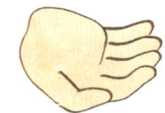

Florux stieß überrascht ein paar Wölkchen aus der Nase. Cater Mom ging dicht ran und schnüffelte. Alle drei nickten. Jetzt konnten sie die Bilder erkennen. Auf der einen Seite fand sich alles für den Tag und wie viele Hände voll ein Mensch von Sonnenauf- bis Sonnenuntergang davon essen sollte. „Wow! 6 Hände voll mit einem Glas Wasser am Tag", entdeckte Florux . "Aha!", zwitscherte Ken Chi: "Fünf Hände voll frischer Salat, knackiges Gemüse und köstliches Obst. Genau genommen drei Hände Salat und Gemüse und zwei Handportionen Obst am Tag. Oh, und dann gehören noch vier Hände voll Getreide, Brot, Kartoffeln, Reis dazu", stellte die Geheimwissenschaftlerin fest.

Cater Mom war bisher ganz still. Er schnupperte sehnsüchtig und blinzelte mit glänzenden Augen zur nächsten Pyramidenstufe. "Och", maulte er: "nur drei Hände voll von meinen Lieblingsspeisen am Tag." Er blickte auf die Bilder von einem Glas Milch, einem Ei in der Hand und einem Bröckchen Käse. Puh, auf der anderen Seite der Pyramide fand er mit klopfendem Herzen noch Hühnchen und Fisch. Beides liebte er sehr. Aber, nur drei davon am Tag. Das wurde ihm klar.

"Oui, Joui, Jouih!", zischte Florux. „In Fett ist doppelt so viel Energie wie in allen anderen Lebensmitteln. Wir sollen also täglich nur ein bis zwei Löffel Öl oder Butter zu uns nehmen." „Ja", meinte Ken Chi: "genauso wie nur ein kleines Händchen Süßes und Knabbereien."

Sofort schrieb sie das neue Wissen in ihr Forschungstagebuch.

„Wasser brauchen wir am meisten, Süßes kaum."

Wasser – Quelle des Lebens und der Gesundheit

Entzückt entdeckte Ken Chi am nächsten Tag eine sprudelnde Wasserquelle. „Wasser fehlt uns noch im Reiseproviant", stellte sie fest und füllte schnell einige Flaschen direkt an der Quelle ab.
"Wasser ist ganz wichtig, damit alles in unserem Körper richtig funktionieren kann und wir gesund bleiben", erklärte die Gelehrte. „Nun können wir während der Expedition täglich frisches Wasser trinken."
Genügend Wasser trinken ist ein berühmtes Gesundheitsrezept und auch das Wasser aus der Leitung Zuhause ist gesund.
Florux gluckerte ein Glas kühles perlendes Wasser, um seinen Durst zu löschen. Kleine, weiße Dampfwölkchen stiegen aus seinem feurigen Rachen. Mit tiefer Drachenstimme summte er ein Lied dabei: "Warmes Wasser, laues Wasser, kaltes Wasser mit und ohne Sprudel - das macht Spaß! Mal mit Saft, mal mit Eis koste ich, bis ich weiß, was mir schmeckt."

Snacks

Apfelpropeller

Zeitbedarf
15 Minuten

Schwierigkeitsgrad

Zutaten

2 Personen

1 Apfel

einige Tropfen Zitronensaft

2-4 Zahnstocher

4 Personen

2 Äpfel

einige Tropfen Zitronensaft

4-8 Zahnstocher

1. Du wäschst die Äpfel heiß ab und reibst sie trocken.
2. Schneide sie in der Mitte durch und dann noch mal in Apfelviertel.
3. Nun schneidest Du das Kerngehäuse raus.
4. Schneide die Apfelviertel jetzt in ganz feine Apfelschnitze.
5. Spieße die Schnitze rund herum auf die Zahnstocher wie eine Wendeltreppe.

Tipp von Ken Chi:
Wenn Du die Apfelscheibchen mit Zitronensaft beträufelst, dann werden die Propeller an der Luft nicht so schnell braun und Dein Körper bekommt zusätzlich Vitamin C. Sicher locken Deine Propeller auch die Augen anderer Kinder in Deine Brotdose. Mach vielleicht gleich ein paar mehr zum Verschenken.

Witziges Gemüsekonfetti

Zeitbedarf
45 Minuten

Schwierigkeitsgrad

1. Wasche das Gemüse und lass das Wasser abtropfen.
2. Schäle den Kohlrabi.
3. Tupfe die Salatblätter mit Küchenpapier trocken.
4. Schneide jede Paprika von oben nach unten in 3 Spalten, schneide nun die Kerne heraus.
5. Schneide mit Ausstechförmchen Salat- und Paprikaformen aus und leg sie auf einen Teller.
6. Dekoriere die Salatformen ganz unten auf den Teller.
7. Schneide den Kohlrabi in dünne Scheiben, dann kannst Du auch hier Formen ausstechen.

Zutaten

2 Personen	4 Personen
½ Kohlrabi	1 Kohlrabi
3 Blätter Eisbergsalat	5 Blätter Eisbergsalat
½ rote Paprika	1 rote Paprika
½ gelbe Paprika	1 gelbe Paprika

Tipp von Florux:
Das witzige Gemüsekonfetti ist super für die Schule geeignet und passt gut in die Brotdose. Bei diesem Pausensnack kriegen sicher auch andere Kinder große Augen. Leg lieber ein bisschen mehr hinein, dann kannst Du andere Kinder einladen, mit Dir zu naschen.

Snacks

Snacks

Grüner Regenbogenaufstrich

Schwierigkeitsgrad

Zutaten

2 Personen	4 Personen
2 mittelgroße Zucchini	4 mittelgroße Zucchini
1 EL Butter	2 EL Butter
1 TL Gemüsebrühe (Pulver)	2 TL Gemüsebrühe (Pulver)
½ Prise Speisesalz	1 Prise Speisesalz
¼ TL geriebene Muskatnuss	½ TL geriebene Muskatnuss
½ Bund Basilikum	1 Bund Basilikum
1 Schuss süße Sahne	1 EL süße Sahne
1 Prise Pfeffer	1 Msp. Pfeffer

1. Erst wäschst Du die Zucchini und schneidest sie in würfelgroße Stücke.
2. Gib die Butter in die Pfanne und lass sie auf dem Herd heiß werden.
3. Wenn die Butter flüssig ist und brutzelt, kommen die Zucchini hinein. Brate sie 2 Minuten rundherum an.
4. Streue die Brühe auf die Zucchini und gib 5 Esslöffel Wasser dazu. Lass alles bei mittlerer Hitze kurz köcheln.
5. Dann gießt Du diese Brühe zur Zucchini und lässt alles bei mittlerer Hitze sanft köcheln.
6. Wasche das Basilikum, zupfe die Blättchen ab und hacke sie klein. Anschließend verrührst Du die Zucchini mit Sahne, den Gewürzen und dem geschnittenen Basilikum in einem Topf.
7. Püriere alles zu einem feinen grünen Aufstrich.

Snacks

Orangefarbener Regenbogenaufstrich

Zeitbedarf
25 Minuten

Schwierigkeitsgrad

1. Nachdem Du die Möhren mit dem Sparschäler geschält hast, raspele sie mit einer Reibe fein.
2. In einer Schale mischst Du die Mandeln dazu.
3. Schneide den Räuchertofu so klein, wie Du kannst, und gib ihn zu den Möhrenraspeln.
4. Als nächstes streust Du die Gewürze hinein und träufelst das Öl und den Zitronensaft hinzu.
5. Jetzt rührst Du alles zu einem schönen orangefarbenen Aufstrich zusammen.

Tipp: Wenn Du Räuchertofu mit den Händen zerkrümelst, wird er ganz fein.

Zutaten

2 Personen	4 Personen
1 kleine Möhre	1 große Möhre
2-3 EL fein gem. Mandeln	5 EL fein gem. Mandeln
1 daumenbreite Scheibe Räuchertofu	¼ Paket Räuchertofu
1 TL Mandelöl	1 EL Mandelöl
20 Tropfen Zitronensaft	4 TL Zitronensaft
1 Prise Kräutersalz	1 Msp. Kräutersalz
1 Msp. gem. Koriander	½ TL gem. Koriander

Snacks

Gelber Regenbogenaufstrich

Zeitbedarf
30 Minuten

Schwierigkeitsgrad

Zutaten

2 Personen

- 3-4 Hände voll Kürbiswürfel; Hokkaido oder Butternutkürbis
- 2 EL gem. Haselnüsse oder Mandeln
- 1,5 EL Frischkäse
- 1 EL Olivenöl zum Braten
- 1 Prise Kräutersalz
- 1 hauchdünne Scheibe Ingwer
- 1 Msp. Pfeffer
- 1 EL Zitronensaft

4 Personen

- 8 Hände voll Kürbiswürfel; Hokkaido oder Butternutkürbis
- 5 EL gem. Haselnüsse oder Mandeln
- ¼ Becher Frischkäse
- 2 EL Olivenöl zum Braten
- 1 Msp. Kräutersalz
- 1 Scheibe Ingwer
- 2-3 Msp. Pfeffer
- 2 EL Zitronensaft

1. Erst schälst Du den Kürbis und schneidest das Kürbisfleisch in kleine Würfel.
2. In einer Pfanne werden die Kürbiswürfel in heißem Öl angebraten. Wenn die Kürbiswürfel weich sind, nimmst Du die Pfanne zum abkühlen vom Herd.
3. In einer Schüssel vermischst Du die anderen Zutaten miteinander.
4. Gib die Kürbiswürfel hinein.
5. Jetzt pürierst Du alles zu einem zarten gelben Aufstrich.

Pinkfarbener Regenbogenaufstrich

1. Schäle die rote Bete am besten unter fließendem Wasser.
2. Die gewaschene rote Bete schneidest Du in kleine Würfel.
3. Diese Würfel schmorst Du in einem Topf mit Öl ganz weich.
4. Wenn die Würfel weich sind, pürierst Du das Ganze mit einem Pürierstab.
5. Dann gibst Du den Joghurt, den Quark und den Meerrettich dazu und verrührst alles gut zu einer Mischung.
6. Die Gurken und den Tofu schneidest Du in sehr kleine Würfel. Sie kommen auch in den pinkfarbenen Brei.
7. Alles wird zusammen zu einem schönen Mus zerkleinert.
8. Zum Schluss streust Du das Kräutersalz und den Pfeffer dazu.

Zeitbedarf
45 Minuten

Schwierigkeitsgrad

Zutaten

2 Personen	4 Personen
1 große rote Bete	2 rote Bete
1 EL Öl	1 EL Öl zum Braten
1 EL Naturjoghurt	½ Becher Naturjoghurt
2 EL Magerquark (oder Frischkäse)	½ Becher Magerquark (oder Frischkäse)
1 TL Meerrettich	1-2 EL Meerrettich
4 kleine saure Gürkchen	8 kleine saure Gürkchen
2 daumenbreite Scheiben Räuchertofu	½ Päckchen Räuchertofu
1 Msp. Kräutersalz	½ TL Kräutersalz
1 Msp. frischer Pfeffer	1 Msp. frischer Pfeffer

Tipp von Cater Mom:
Rote Bete färbt an den Händen. Zieh Dir also Gummihandschuhe an oder wasch Dir immer gleich die Hände.

Snacks

Gemüse-Pommes mit Ampel-Dips

Zeitbedarf
30 Minuten

Schwierigkeitsgrad

Zutaten

2 Personen	4 Personen
½ Kohlrabi	1 Kohlrabi
½ Gurke	1 Gurke
1 Möhre	2 Möhren
½ Becher Schmand	1 Becher Schmand
1 TL Curry	2 TL Curry
1 TL flüssiger Honig	2 TL flüssiger Honig
½ reife Avocado	1 reife Avocado
½ TL Salz	1 TL Salz
1 Prise Pfeffer	1 Msp. Pfeffer
1 TL Hefeflocken	2 TL Hefeflocken
½ Zehe Knoblauch	1 Zehe Knoblauch
½ Bund Petersilie	1 Bund Petersilie
½ Bund Schnittlauch	1 Bund Schnittlauch
1 Frühlingszwiebeln	2 Frühlingszwiebeln
2 EL Tomatenmark	4 EL Tomatenmark

1. Wasche das Gemüse und schneide es in Streifen wie Pommes.
2. Richte die Streifen in Schälchen oder sogar auf einem Pappteller für Pommes an.

Der grüne Dip:
1. Um die Avocado zu öffnen, schneide der Länge nach einmal rundherum, dann verdrehst Du die beiden Hälften mit den Händen bis sie sich voneinander lösen.
2. Entferne den Kern.
3. Mit einen Löffel schabst Du das grüne Fleisch aus der Schale und tust es in eine Schüssel.
4. Jetzt kommen Salz, Hefeflocken und Pfeffer dazu.
5. Entferne die Schale von der Knoblauchzehe. Zerdrücke den Knoblauch mit der Presse und gib den Brei zum Avocadofleisch.
6. Mit einer Gabel werden alle Zutaten zerdrückt und vermischt.

Der gelbe Dip:
In einer neuen Schale verrührst Du Schmand mit Curry und Honig.

Der rote Dip:
Du mischst Tomatenmark, Salz, Pfeffer, Knoblauch mit den gewaschenen, frisch gehackten Kräutern zu einem roten Dip.

Tipp von Ken Chi:
Die Avocado ist reif, wenn man sie mit dem Finger leicht eindrücken kann! Dekoriere jeden Teller mit einem Klecks roten, gelben und grünen Dip und leg Holzpieker dazu. Statt Pommes kannst Du natürlich auch Chips schneiden und ausnahmsweise dürfen auch Papptellerchen benutzt werden.

Snacks

Apfelchips

Zeitbedarf
1,5 Stunden

Schwierigkeitsgrad

1. Heize den Ofen auf 80 Grad vor.
2. Wasche die Äpfel mit heißem Wasser und trockne sie ab.
3. Entferne mit einem Apfelausstecher oder mit einem kleinen Messer das Kerngehäuse aus den Äpfeln.
4. Jetzt schneidest Du die Äpfel in kleine, zirka 3 mm dünne Ringe.
5. Presse den Saft aus einer Zitrone und streiche die Apfelscheiben auf beiden Seiten damit ein.
6. Leg sie auf ein mit Backpapier ausgelegtes Backblech. Nun schiebst Du die Apfelringe für 1 Stunde in den Ofen.
7. Die fertigen Ringe schiebst Du am besten auf eine Stange und lässt sie an der Luft nachtrocknen.

Zutaten

2 Personen	4 Personen
2-4 Äpfel	4-8 Äpfel
½ Zitrone	1 Zitrone

Tipp von Cater Mom:
Gut schmecken sie, wenn Du sie nachher mit Kokosflocken bestreust. Wenn Du es noch süßer magst, bestreiche sie nachträglich mit Honig.

Aquarelda – die weise Schildkröte

Eines Tages, nachdem sie ein reißendes Gewässer durchquert hatten, trafen Florux, Ken Chi und Cater Mom am anderen Ufer die uralte Schildkrötendame Aquarelda. Sie luden Aquarelda zu einem Imbiss ein. Während sie frischen Salat und ein kerniges Gemüsegericht verspeisten, sammelten sie wieder Kräfte nach dem anstrengenden Seeabenteuer. Aquarelda war sehr interessiert zu erfahren, warum sich unsere drei Abenteurer auf dieser Reise befanden.

Cater Mom erzählte ihr von der Expedition. Es stellte sich heraus, dass Aquarelda schon die ganze Welt bereist hatte und sehr weise war. „Auf eurer Expedition werdet ihr viele verschiedene Sitten und Gebräuche kennenlernen", sagte die alte Dame zwischen den Salatblättern nuschelnd. Dabei legte sie zwischen den Worten stets eine kleine Pause ein. „Rezepte kenne ich nicht viele", erzählte sie, „ich kenne dafür alle Tischsitten und Gebräuche der Menschen.

Die Kulturen beim Essen und Trinken sind ganz unterschiedlich. Einiges solltet ihr vorher wissen." Aquarelda dehnte manche Silben beim Sprechen immer unendlich lang und deutlich aus. Sie sprach ganz gemächlich. Doch was sie erzählte, fesselte unser Forscherteam.

„Die Menschen in Asien essen mit Stäbchen. Daher sind dort alle Speisen schon in der Küche zuvor mundgerecht zugeschnitten. Die Häppchen können so mit den Stäbchen aus der Schale geschnappt werden. Stäbchen gibt es nicht nur aus Holz, sondern auch aus vielen anderen Materialien. Reis ist dort die wichtigste Speise. Ihr dürft dort niemals die Stäbchen in den Reis stecken oder sie überkreuzen. Das gilt als böses Zeichen. Schmatzen und auch Schlürfen ist in Asien erlaubt. Ganz anders ist es in Deutschland, da stört das Schmatzen und Schlürfen beim Essen." Gemächlich knabberte sie an einem neuen Salatblatt, „und", erklärte sie nach einer Pause weiter. Florux, Ken Chi und Cater Mom glaubten schon, jetzt sei sie eingeschlafen. „Eines machen alle Menschen dort, sie lassen sich Zeit beim Essen und genießen es mit Pausen."

Nachdem Aquarelda sich ganz langsam vergewissert hatte, dass die drei Abenteurer noch zuhörten, erzählte sie weiter. „In Arabien, Persien und Afrika sowie in Indien benutzt man die Finger zum Essen. Oftmals wird ein duftendes dünnes Brot zum Tunken und zum Greifen der verschiedenen Speisen gebacken. Natürlich ist es sehr wichtig, dass die Hände und Finger vorher gründlich sauber gewaschen werden.
In Indien, das müsst ihr unbedingt wissen, isst man nur mit der rechten Hand. Die linke Hand gilt als unrein und wird unter dem Tisch gehalten. Überall in diesen Ländern werden viele kleine oder große Schalen und Tellerchen für die Speisen verwendet.

Sie werden schön ordentlich aufgestellt und hübsch garniert. Hier erfreut sich zuerst das Auge, dann die Finger und zum Schluss der Mund. Auch Schalen und Tellerchen werden nur mit der rechten Hand weitergereicht.
In Europa wurde früher auch nur mit den Fingern gegessen", erwähnte Aquarelda, „das habe ich in meiner Jugend gesehen. Erst langsam, ganz langsam, setzten sich Messer und Gabel zunächst in Frankreich bei den Fürsten, Königen und Adelsfamilien und dann später bei den arbeitenden Menschen im Volk durch. Die Gabel galt als Teufelswerk. Es wurde böse Magie befürchtet."

Nun fielen der alten Schildkröte schon wieder die Augen zu. Die Abenteurer wurden unsicher, ob Aquarelda nun eingeschlafen sei. „Übrigens", setzte sie dann aber ihre Erzählung fort, „wenn ihr nach Italien kommt, solltet ihr die Spaghetti und andere Nudeln nur mit der Gabel essen. Keinesfalls nehmt ihr einen Löffel zu Hilfe". „Hm", Aquarelda seufzte tief, „Nudeln und Kartoffeln brachten Reiseabenteurer mit nach Europa. So haben Expeditionen schon früher den Speiseplan verändert". Nun schlief die weise Schildkröte tatsächlich ein. Florux, Cater Mom und Ken Chi sprachen noch lange über das neue Wissen. „Bei uns in Amerika", erklärte Cater Mom, „ist es üblich, dass man mit Messer und Gabel zunächst alles zerkleinert und dann nur mit der Gabel in einer Hand isst. Die andere Hand wird dann nicht genutzt. In Europa ist das ja nicht so, dort nimmt man Messer und Gabel gemeinsam in die Hand". Die jeweilige Kultur und die Atmosphäre beim Essen scheinen für die Menschen sehr wichtig zu sein, damit sie sich wohl fühlen. Da waren sich alle einig. Doch nun ging auch das Expeditionsteam müde zu Bett.

Vorspeisen

Zeitbedarf
25 Minuten

Schwierigkeitsgrad

Zutaten

2 Personen	4 Personen
½ Salatkopf	1 Salatkopf
½ Becher Schmand	1 Becher Schmand
Saft ½ Zitrone	Saft 1 Zitrone
½ Bund Petersilie	1 Bund Petersilie
3-4 TL flüssiger Honig	3-4 EL flüssiger Honig

Salat

1. Zerzupfe die Salatblätter in gut essbare Stücke. Reiß die festeren Blattrippen in der Mitte raus, diese werden nicht gegessen.
2. Spüle die geputzten Salatblätter in einem Sieb (Seiher) unter fließend kaltem Wasser ab und lass den Salat gut abtropfen.
3. Wasche nun die Petersilie und schüttle das Wasser ab. Dann zupfst Du die Petersilienblättchen von den Stengeln und hackst sie mit dem Wiegemesser fein.
4. Jetzt verrührst Du den Schmand mit dem gepressten Zitronensaft, dem Honig und den frischen Kräutern zu einer Creme.
5. Zum Servieren legst Du den Salat in eine Glasschale und träufelst die Zitronensoße darüber.
6. Vermische alles behutsam und langsam mit einem Salatbesteck.

Vorspeisen

Runzelkartoffeln mit grüner Soße

1. Die Kartoffeln schrubbst Du mit einer kleinen Bürste oder dem rauen Teil eines neuen Abwaschschwammes und klarem Wasser sauber und legst sie mit der Schale in den Kochtopf.
2. Gib alles Salz und gerade so viel Wasser in den Topf, dass die Kartoffeln bedeckt sind. Koche sie 20 Minuten.
3. Dann gießt Du das Wasser weg und stellst die Kartoffeln noch mal kurz auf den Herd. Die Schale der Kartoffeln trocknet und es bildet sich eine Salzkruste.
4. Häute die Knoblauchzehe und zerdrück sie mit der Knoblauchpresse. Zu diesem Brei kommen das Speisesalz und die gehackte Petersilie. Das alles zerreibst Du mit dem Stößel im Mörser, bis es ganz fein ist. Natürlich kannst Du auch einen Löffel und ein kleines Schälchen nehmen, wenn kein Stößel und Mörser in der Küche sind.
5. Nun rührst Du das Öl und den Weinessig unter den Pflanzenbrei. Alle Zutaten gut vermengen und die grüne Soße ist fertig.

Tipp: Mit einer Gabel kannst Du prüfen, ob die Kartoffeln gar gekocht sind. Dann sind sie ganz weich.

Zeitbedarf 50 Minuten

Schwierigkeitsgrad

Zutaten

2 Personen	4 Personen
6 mittelgroße dünnhäutige Heidekartoffeln	12 mittelgroße dünnhäutige Heidekartoffeln
10 EL grobes Meersalz	20 EL grobes Meersalz
½ Knoblauchzehe	1 Knoblauchzehe
2 TL Weinessig	1 EL Weinessig
1 Prise Speisesalz	1 Msp. Speisesalz
2 EL Olivenöl	4 EL Olivenöl
½ Bd. Petersilie	1 Bd. Petersilie

Vorspeisen

Brot und leckere Buttervarianten

Zutaten

2 Personen
- ½ Vollkornbrot
- ½ Stück Butter
- 1 TL Senf
- ½ TL geröstete Zwiebeln
- 1 kleine Prise Kräutersalz
- 1 Prise gerebelter Majoran
- 1 EL Schnittlauch
- 1 kl. Prise weißer Pfeffer
- 1 TL Tomatenmark
- 1 kl. Prise getrockneter Oregano
- 1 kl. Prise getrockneter Thymian
- 1 -2 Blätter Basilikum
- ½ Scheibe einer Knoblauchzehe
- 1 TL Meerrettich
- ½ Knoblauchzehe
- 1 kleine Prise Salz

4 Personen
- 1 Vollkornbrot
- 1 Stück Butter
- 2 TL Senf
- 2 TL geröstete Zwiebeln
- 1 Prise Kräutersalz
- ½ TL gerebelter Majoran
- 2 EL Schnittlauch
- 1 Prise weißer Pfeffer
- 2 TL Tomatenmark
- 1 Prise getrockneter Oregano
- 1 Prise getrockneter Thymian
- 3-4 Blätter Basilikum
- 1 Scheibe einer Knoblauchzehe
- 2 TL Meerrettich
- 1 Knoblauchzehe
- 1 Msp. Salz

1. Du teilst die weiche Butter in 6 gleich große Stücke und legst jedes in eine kleine Schüssel.
2. Streue das Kräutersalz, die gerösteten Zwiebeln und den Majoran zu einem Butterstück hinzu. Zerdrücke und vermenge alles gut.
3. Zum nächsten Butterstück gibst Du den Senf dazu. Dann zerdrückst und verrührst Du alles gleichmäßig mit einer Gabel.
4. Dem dritten Stück fügst Du das Tomatenmark, Oregano, Thymian und frisch gehacktes Basilikum sowie den fein geschnittenen Knoblauch hinzu und vermengst die Zutaten.
5. Das vierte Stück vermischst Du mit dem Meerrettich.
6. Das fünfte Butterstück vermischst Du mit Salz und dem Knoblauchbrei aus der Presse.
7. Dem sechsten Stück mengst Du frisch gewaschenen und geschnittenen Schnittlauch unter.
8. Zum Schluss schneidest Du das Brot in Scheiben und legst es in einen Brotkorb.
9. Jetzt hast Du einen Korb voll Brot und leckere Buttervarianten in 6 kleinen Schalen.

Vorspeisen

Zeitbedarf
35 Minuten

Schwierigkeitsgrad

Vorspeisen

Vorspeisen

Kalte Gemüsesuppe-Gazpacho

1. Brösel das Brot in kleine Stücke und weiche es in einer Tasse Wasser ein.
2. Bringe einen Topf mit Wasser zum Kochen.
3. In einem Teesieb tauchst Du die Fleischtomaten in das kochende Wasser, bis die Tomatenhaut platzt. Geplatzte Tomaten legst Du auf einem Teller beiseite.
4. Entferne nun mit einem Messer den Stielansatz und die Haut und schneide die Tomaten in kleine Würfel.
5. Diese Würfel kommen in eine Rührschüssel.
6. Anschließend pellst Du die Knoblauchzehe und die Schalotten.
7. Den Knoblauch drückst Du durch die Presse und die Schalotte schneidest Du in ganz kleine Würfel. Sie dürfen in die Rührschüssel zu den Tomatenwürfeln.
8. Du wäschst die Gurke und die Paprika gründlich.
9. Jetzt schälst Du die Gurke mit dem Sparschäler und schneidest beides in kleine Stücke.
10. Gurken, Gewürze und Paprikawürfel kommen zu den Tomaten in die Rührschüssel.
11. Dann drückst Du das Brot mit den Händen aus und gibst es in die Schüssel.
12. Alle Zutaten zerkleinerst Du jetzt mit dem Pürierstab.

Zutaten

2 Personen	4 Personen
1 Scheibe Brot	2 Scheiben Brot
1 Schalotte	2 Schalotten
1 kleine Knoblauchzehe	1 Knoblauchzehe
4 große Fleischtomaten	8 große Fleischtomaten
½ Salatgurke	1 Salatgurke
½ grüne Paprikaschote	1 grüne Paprikaschote
½ gelbe Paprikaschote	1 gelbe Paprikaschote
1-2 EL Olivenöl	3 EL Olivenöl
1 EL Balsamico-Essig	2 EL Balsamico-Essig
1 Prise Salz	1 Msp. Salz
1 Prise Pfeffer	½ gestr. TL Pfeffer
3-4 Basilikumblätter	5-6 Basilikumblätter
½ TL Gemüsebrühe	1 TL Gemüsebrühe

Tipp von Florux:
Den letzten Pfiff kriegt Deine Suppe, wenn Du sie mit frisch gehacktem Basilikum bestreust.

Das magische Tischlein-deck-dich

Schon früh war das Expeditionsteam aufgebrochen. Ihr Weg führte sie über Stock und Stein durch ein Gebirge. Plötzlich und unerwartet entdeckten sie in einem Tal ein Männlein mit einem ulkigen Holztisch. Zunächst beobachteten sie das seltsame Tun aus der Ferne. Wenn das Männlein in die Hände klatschte und „Tischlein deck dich" sagte, sprangen in folgender Reihenfolge alle Dinge für einen köstlichen Gaumenschmaus auf den Tisch. Erst entfaltete sich eine farbenfrohe Tischdecke und zur Dekoration stellten sich, husch-husch, ein kunterbunter Strauß Wiesenblumen, ein Ährenkranz und auch ein paar hübsch flackernde Kerzen dazu. Danach gesellten sich zartes Geschirr und weiße Porzellanteller an jedem Sitzplatz dazu. Rechts legte sich neben den Teller ein glänzendes Messer und links eine blinkende Gabel.

Rechts über dem Teller funkelte das Glas. Eine farbige Serviette legte sich links vom Teller unter die Gabel. Plötzlich blitzte ein kleines Kaffeelöffelchen über dem Teller auf. Zum Schluss reihten sich dann in der Tischmitte prall gefüllte Schüsseln mit frischem Salat und Gemüse auf.

Das Männlein war anscheinend zufrieden und nickte lächelnd. Nun traten Cater Mom, Ken Chi und Florux an den lustigen Mann heran. „Einen schönen guten Tag wünschen wir Euch", trillerte Ken Chi. „Genau", zischte Florux und Cater Mom schnüffelte sogleich wieder. „Ebenso, ebenso," haspelte das Männlein ganz hektisch. „Oh, oh, wir haben Gäste, Tischlein", rief es erfreut und klatschte dabei in die Hände. Sofort standen vier Stühle bereit. „Nehmt doch Platz und teilt mit mir das kleine Mahl, zubereitet von unserem besten Küchenmeister". Alle drei waren nach dem anstrengenden Marsch hungrig. Der schöne Anblick und die herrlichsten Düfte waren zu verlockend, da ließen sie sich nicht zweimal bitten. „Das ist außerordentlich freundlich", schnurrte Cater Mom, „und vielleicht erzählt ihr uns bei diesem ungewöhnlichen Mahl, was es mit eurem Tischlein auf sich hat".

Das Männlein schaute von einem zum anderen und nickte zustimmend. „Ich bin der Berzel-Schreiner aus Hochdrobendrauf und erprobe hier einen faszinierenden Tisch, der von einem berühmten Magier als Dank für eine besondere Tischlerarbeit mit einem Zauber belegt wurde", erzählte der drollige Kerl. „Dieser einst normale Tisch ist nun ein „Tischlein-deck-dich" und der Tisch serviert auf mein Klatschen alle Speisen und Getränke unseres Küchenchefs, egal, wo es steht. Doch unser Küchenchef Gourmesto der Weise muss natürlich alle Speisen und Getränke vorbereiten, sonst wird es nur ein karges Mahl", schmunzelte Berzel. Als alle Schüsseln der Vorspeisen leer gegessen waren, standen geschwind neue Schüsseln mit goldgelben Kartoffeln und leckerem Gemüse sowie Platten mit duftendem Fisch oder knusprigen Fleisch da.

„Oh, oh, oh, greift zu, lasst es Euch schmecken und erzählt mir, wer ihr seid." Während Berzel-Schreiner aufgeregt um den Tisch herum wuselte, stellte Cater Mom das Expeditionsteam vor. Florux verteilte fleißig Gewürze und frische Kräuter aus der Proviantkiste. Während des wahrlich üppigen und fantastischen Mahls erzählten Florux, Cater Mom und Ken Chi von sich und von ihrer Expedition. Der Berzel-Schreiner saß nun ganz ruhig auf seinem Platz, langte ebenfalls kräftig zu und war ganz gebannt von den Erzählungen seiner Gäste. Wenig später waren alle satt und zufrieden. „Das war köstlich, ganz köstlich, die Gemüsevielfalt, ganz köstlich", schnurrte Cater Mom. „Berzel-Schreiner wir danken dir. Aber sag, wo kommen denn all diese Speisen her? Wo genau ist denn das Hochdrobendrauf?", fragte Ken Chi.
„Ja, oh, oh, hoch droben auf den Bergen drauf und ganz sicher wird es Euch in unserem Höhlendorf gefallen. Begleitet mich und bleibt für einige Zeit. Gourmesto der Weise wird sich freuen. Ihr werdet große Geheimnisse und schmackhafte Rezepte erfahren."
Das sprach allen Dreien aus dem Herzen und sie packten ihre Sachen für den Aufstieg in die Berge.

Mittagessen

Zeitbedarf
40 Minuten

Schwierigkeitsgrad

Zutaten

2 Personen

8-10 blaue Kartoffeln
1 TL Butter
½ Tasse Milch
3-4 Msp. Salz
1 Prise Muskat

4 Personen

16-18 blaue Kartoffeln
2 TL Butter
1 Tasse Milch
½ TL Salz
1 Msp. Muskat

Blaues oder rotes Kartoffelpü

1. Koche die Kartoffeln 30 Minuten und prüfe mit der Gabel, ob sie weich sind.
2. Gieße das Wasser ab und lass es abkühlen, damit Du mit einem Messer von allen Kartoffeln die Schale abziehen kannst.
3. Nun erwärmst Du in einem Topf die Milch mit ein bisschen Salz und lässt die Butter darin schmelzen.
4. Dann schalte den Herd aus. Bei einem E-Herd empfiehlt es sich, den Topf vorübergehend von der Platte zu nehmen.
5. Nimm eine Reibe und streue feine Raspeln der Muskatnuss in die Milch.
6. Füge einzeln die Kartoffeln hinzu und zerdrücke sie mit dem Kartoffelstampfer zu einem schönen Püree.
7. Stelle den Kartoffelbrei noch einmal auf die heiße Herdplatte, dabei mit einer Kelle umrühren. So wird das Püree noch einmal erhitzt und auch flockiger.

Hinweis von Cater Mom: Rote oder blaue Kartoffeln bekommst Du an einem Kartoffelstand auf dem Markt und manchmal auch im Supermarkt. Es gibt sie auch im Internet. Du kannst aber auch mehligkochende, goldgelbe Kartoffeln für dieses Rezept nehmen.

Tipp von Ken Chi:
Dazu schmeckt ein gebratenes Ei lecker!

Rezepte für Hauptgerichte

Crazy Burger

Tipp: Kaufe das Puten-Hackfleisch beim Fleischer oder prüfe, ob Du es im Supermarkt bekommst. Wenn Ihr einen Fleischwolf in der Küche habt, dann kannst Du es auch selbst zubereiten, hole Dir dafür aber Hilfe von Deinen Eltern.

1. In einer Schüssel vermengst Du Hackfleisch mit dem Ei und den Gewürzen.
2. Forme mit der Hand Frikadellen für Deine Burger.
3. Brate die Frikadellen mindestens 10 - 15 Minuten und drehe sie mit dem Bratenwender regelmäßig um.
4. In der Zwischenzeit schneidest Du die Burgerbrötchen auf, bestreichst sie mit Cocktailsoße, legst die Salatblätter, die Tomatenscheiben und die Zwiebel drauf.
5. Die gebratene Hähnchen- oder Putenfleischscheibe kommt zum Schluss hinein.

Wenn Du das Hackfleisch mit Deinen Eltern selbst machen möchtest, schneide das Fleisch in kleine Würfel. Mit einem Fleischwolf und der großen Lochscheibe machst Du aus dem Hähnchen- oder Putenfleisch Hackfleisch. Am besten ist es jedoch, wenn Du es gleich fertig als Hackfleisch kaufst.

Tipp von Ken Chi:
Du kannst die Tomate gegen 1 Scheibe Ananas und die Cocktailsoße gegen Currysoße austauschen. Dann überraschst Du mit einem lustigen Hawai-Burger.

Zeitbedarf: 1,5 Stunden

Schwierigkeitsgrad

Zutaten

2 Personen	4 Personen
250 g Hähnchen- oder Putenhackfleisch	500 g Hähnchen- oder Putenhackfleisch
½ Zwiebel	1 Zwiebel
1 Eigelb	1 Ei
1 TL Senf	2 TL Senf
½ TL Salz	1 kleiner TL Salz
1 kleine Msp. Pfeffer	1 Msp. Pfeffer
1 EL Sonnenblumen- oder Rapsöl	1 EL Sonnenblumen- oder Rapsöl
2 Blätter Eisbergsalat	4 Blätter Eisbergsalat
1 Tomate	2 Tomaten
4 Zwiebelringe oder Röstzwiebeln	8 Zwiebelringe oder Röstzwiebeln
3 TL Cocktailsoße	6 TL Cocktailsoße
2 Burgerbrötchen mit Sesam	4 Burgerbrötchen mit Sesam

Mittagessen

Zeitbedarf
1,5 Stunden

Schwierigkeitsgrad

Mittagessen

Kartoffelrolle

1. Schäle die Kartoffeln mit dem Sparschäler und koche sie 25 Minuten in Wasser mit Salz.
2. In einen extra Topf kommen die Erbsen mit 1-2 Tassen Wasser und einer Messerspitze Salz. Sie werden 15 Minuten gekocht und sind schneller fertig als die Kartoffeln. Stell die Erbsen dann einen Moment beiseite.
3. Piek mit der Gabel in die Kartoffeln, um zu prüfen, ob sie weich sind.
4. Dann gieß das Wasser ab und stell sie ganz kurz zurück auf die noch heiße Kochplatte, damit der Wasserdampf entweicht.
5. Gib nun die Hälfte der Butter und Muskat in den Topf und stampfe die heißen Kartoffeln zu Brei.
6. Jetzt kommt die Stärke dazu und Du stampfst den Brei noch einmal richtig durch.
7. Leg ein Backpapier auf die Arbeitsfläche und füge den Kartoffelbrei darauf. Einen weiteren Bogen Backpapier legst Du auf den Kartoffelbrei, damit Du mit dem Nudelholz den Teig ausrollen kannst. Wenn der Teig daumendick ausgerollt ist, kannst Du das obere Backpapier wieder abnehmen.
8. Danach gießt Du das Erbsenwasser ab, gibst einen Teelöffel Butter und Muskatnuss dazu und zerkleinerst die Erbsen mit dem Pürierstab zu einer feinen grünen Creme.
9. Diese Creme streichst Du gleichmäßig auf den Kartoffelbrei.
10. Dann hebst Du den bestrichenen Kartoffelteig mit dem Backpapier an und rollst ihn zusammen.
11. Wenn Du magst, kannst Du schon Scheiben von der Kartoffelrolle schneiden oder Du servierst eine Rolle.

Zutaten

2 Personen	4 Personen
4 mehlig kochende Kartoffeln	8 mehlig kochende Kartoffeln
½ EL Kartoffelstärke	1 EL Kartoffelstärke
5 TL Butter	2 EL Butter
½ TL Salz	1 TL Salz
1 Msp. Muskat	2 Msp. Muskat
1 Tasse Erbsen aus einer Tiefkühlpackung oder vom Markt	2 Tassen Erbsen aus einer Tiefkühlpackung oder vom Markt

Tipp von Florux: Wenn Scheiben der Kartoffelrolle übrig bleiben, kannst Du sie später in der Pfanne anbraten. Wenn Du Lust auf eine rot geringelte Rolle hast, dann tausche die Erbsen doch mal gegen Möhren aus.

Mittagessen

Möhrenbandnudeln

Zeitbedarf
20 Minuten

Schwierigkeitsgrad

Zutaten

2 Personen	4 Personen
5 mittelgroße Möhren	12 mittelgroße Möhren
2 EL Rapsöl	3,5 EL Rapsöl
½ Prise Speisesalz	1 Prise Speisesalz
¼ TL geriebene Muskatnuss	½ TL geriebene Muskatnuss
4 EL süße Sahne	9 EL süße Sahne
Saft einer ½ Zitrone	Saft einer ½ Zitrone
4 TL flüssiger Honig	7 TL flüssiger Honig
1 Prise Pfeffer	1 Prise Pfeffer

1. Schäle die Mohrrüben und schneide sie der Länge nach in 1 cm dicke Scheiben.
2. Mit dem Sparschäler hobelst Du von den Scheiben lange Streifen in der Form von Bandnudeln.
3. Als nächstes vermischst Du die Möhrenstreifen mit dem Öl.
4. Dann legst Du die Möhrenstreifen in eine beschichtete Pfanne.
5. Die Streifen werden jetzt zirka 3 Minuten vorsichtig auf kleiner bis mittlerer Temperatur gebraten. Vorsichtig wenden! Sie sollen nicht braun und auf keinen Fall hart oder kross werden. Nach diesen ersten 3 Minuten gibst Du die Sahne, den Honig und die Gewürze dazu und wendest alles zusammen noch einmal rund 2 Minuten in der Pfanne, immer noch bei kleiner bis mittlerer Temperatur.
6. Zum Schluss kommt der Zitronensaft hinein und Du schmeckst ab, ob es mild und harmonisch, ganz leicht süß-sauer ist.
7. Wenn die roten Nudeln der Möhren schön weich sind, können sie gegessen werden.

Mittagessen

Kohlrabinudeln

Zeitbedarf 20 Minuten

Schwierigkeitsgrad

1. Schäle die Kohlrabi und schneide sie in 0,5 cm dicke Scheiben.
2. Mit dem Sparschäler hobelst Du von den Scheiben lange Streifen in der Form von Bandnudeln.
3. Als nächstes gibst Du das Öl und die Gewürze hinzu.
4. Dann legst Du die Kohlrabistreifen in eine beschichtete Pfanne.
5. Die Kohlrabistreifen werden jetzt 5 Minuten vorsichtig gebraten. Ab und zu leicht wenden. Sie sollen nicht braun werden.
6. Nach etwa 3 Minuten gibst Du die Sahne und die Gewürze dazu.
7. Wenn die Kohlrabinudeln schön weich sind, können sie vernascht werden.

Zutaten

2 Personen	4 Personen
4 mittelgroße Kohlrabi	8 mittelgroße Kohlrabi
1 EL Rapsöl	2 EL Rapsöl
½ Prise Speisesalz	1 Prise Speisesalz
¼ TL geriebene Muskatnuss	½ TL geriebene Muskatnuss
3 EL süße Sahne	5 EL süße Sahne
1 Prise Pfeffer	1 Prise Pfeffer

Mittagessen

Zeitbedarf
40 Minuten

Schwierigkeitsgrad

Zutaten

2 Personen	4 Personen
4-5 mittelgroße Kartoffeln (z.B. Cilena)	8-9 mittelgroße Kartoffeln (z.B. Cilena)
1 Zwiebel	2 Zwiebeln
1 EL Mehl	2 EL Mehl
3 EL Sonnenblumenöl	5 EL Sonnenblumenöl
1 Prise Salz	1 Msp. Salz
2 Boskop-Äpfel	4 Boskop-Äpfel
½ Zitrone	1 Zitrone
1 Prise gem. Zimt	1 Msp. Zimt
3 EL Wasser	5 EL Wasser
1 EL Honig	2 EL Honig

Kartoffelpuffer-Allerlei

1. Drück die Zitrone mit der Saftpresse aus.
2. In einem Kochtopf vermischst Du Wasser, Zitronensaft und Honig.
3. Schneide nun die Äpfel in Viertel. Entferne das Kerngehäuse und schäle die Äpfel.
4. Schneide sie in kleine Würfel und gib sie in den Kochtopf.
5. Das Ganze kochst Du 10 Minuten auf kleiner Flamme.
6. Sind die Apfelstückchen weich, pürierst Du sie mit dem Pürierstab und gibst das Apfelmus zum Abkühlen in eine Schale.
7. In der Zwischenzeit schälst Du die Kartoffeln und pellst die Zwiebel.
8. Mit der Küchenreibe zerreibst Du die Kartoffeln und die Zwiebel zu einem Brei.
9. Diesen Brei gibst Du in ein Sieb und lässt das Wasser ablaufen.
10. Mit den Händen kannst Du ein wenig nachdrücken.
11. Verknete das Kartoffel-Zwiebel-Mus mit dem Salz und dem Mehl in einer Schüssel.
12. In einer Pfanne erwärmst Du das Öl.
13. Den Kartoffelbrei gibst Du mit einem Löffel in die Pfanne und drückst den Klecks ein bisschen platt.
14. Achte darauf, dass sich die Mus-Kleckse nicht berühren.
15. Mit dem Bratenwender wendest Du sie, wenn eine Seite goldbraun ist.
16. Zum Schluss garnierst Du Deinen Puffer auf einem Teller mit Apfelmus und einer kleinen Menge Zimt.

Kerniges Kartoffel-Möhren-Miteinander

1. Du schälst die Kartoffeln mit dem Sparschäler und kochst sie mit Salz, bis sie sich beim Hineinpieken mit der Gabel weich anfühlen.
2. Dann gießt Du das Wasser ab und stellst die gekochten Kartoffeln zum Abdampfen ganz kurz zurück auf die heiße Platte.
3. Mit dem Kartoffelstampfer stampfst Du sie grob durch. Es dürfen noch kleine Kartoffelstücke im Brei bleiben.
4. In der Zwischenzeit raspelst Du die Möhren in eine Schale, die Hälfte der Möhren grob und die andere Hälfte ganz fein.
5. Dazu gibst Du die Sonnenblumenkerne, Pfeffer und Muskat.
6. Dann fügst Du Butter, den Kartoffelstampf und Ei hinzu.
7. Jetzt verrührst Du alles richtig gut miteinander.
8. Heize den Ofen auf 175 Grad vor.
9. Nimm ein Kuchenblech, leg ein Backpapier darauf und leg Ausstechförmchen für Kekse auf das Backpapier.
10. Nun fülle den Brei mit einem Messer oder Löffel in die Formen und entferne sie wieder.
11. Die Figuren bäckst Du 15 Minuten.

Zeitbedarf 1 Stunde

Schwierigkeitsgrad

Zutaten

2 Personen	4 Personen
3 mittelgroße mehligkochende Kartoffeln	6 mittelgroße mehligkochende Kartoffeln
2 Möhren	3-4 Möhren
1 Ei	2 Eier
3 EL Sonnenblumenkerne	6 EL Sonnenblumenkerne
1 TL Butter	2 TL Butter
1/2 TL Salz	1 TL Salz
1 Msp. Pfeffer	½ TL Pfeffer
1 Msp. Muskat	½ TL Muskat

Mittagessen

Mittagessen

Gebackene Kräuterforelle

1. Wasche die fangfrischen Forellen unter fließendem Wasser ab.
2. Tupfe sie mit Küchenpapier innen und außen trocken.
3. Danach legst Du ein Backblech mit Alufolie aus.
4. Heiz den Ofen auf 180 Grad vor.
5. Leg die Forellen auf die Seite und auf das Blech.
6. Bestreue die Innenseiten der Fische mit Pfeffer und Salz. Leg die Kräuterbutter in die Fische.
7. Dann decke das Blech mit Alufolie ab.
8. Die Forellen werden jetzt auf der mittleren Schiene mit Alufolie abgedeckt 20 Minuten gebacken.
9. Entferne nach 20 Minuten die Folie und backe die Forellen weitere 10 Minuten.
10. Die Forellen werden mit frischen Zitronenscheiben und gehackten Kräutern serviert.

Tipp von Ken Chi:
Kaufe nur frischen Fisch aus dem Fischgeschäft oder tiefgefrorene Forellen, wenn es nicht anders geht.

Zeitbedarf 45 Minuten

Schwierigkeitsgrad

Zutaten

2 Personen	4 Personen
2 frische Forellen	4 frische Forellen
4 TL Kräuterbutter	8 TL Kräuterbutter
1 Zitrone	3 Zitronen
½ Bund Petersilie	1 Bund Petersilie
½ Bund Dill	1 Bund Dill
1 Msp. Pfeffer	2 Msp. Pfeffer
1-2 Prisen Salz	3-4 Prisen Salz

Nachspeisen

Zeitbedarf 1 Stunde

Schwierigkeitsgrad

Zutaten

2 Personen	4 Personen
2 Becher Kürbiswürfel	4 Becher Kürbiswürfel
Saft von 1 Orange	Saft von 2 Orangen
Saft von ½ Zitrone	Saft von 1 Zitrone
3 TL flüssiger Honig	2 EL flüssiger Honig
3 Blatt weiße Gelatine	6 Blatt weiße Gelatine
1 Ei	2 Eier
1 Tasse Sahne	1 Becher Sahne
1 Prise Salz	1 Prise Salz

Kürbis-Creme

1. Koche die kleinen Kürbiswürfel mit dem Orangen- und Zitronensaft in einem Topf 10 - 15 Minuten bis sie ganz weich sind.
2. Die Gelatineblätter legst Du während dieser Zeit in eine Schale mit kaltem Wasser.
3. Danach zerkleinerst Du den Kürbis mit dem Pürierstab zu Brei.
4. Mit dem Eitrenner teilst Du das Ei in Eigelb und Eiweiß. Das Eiweiß kommt nun mit der Prise Salz in eine Rührschüssel.
5. Schlage das Eiweiß mit dem Mixer und den Rührern, bis ein fester weißer Schnee entsteht.
6. Nun kannst Du gleich die Sahne mit dem Mixer und den Rührern in einer anderen Schale schlagen, bis sie fest ist.
7. Streiche den Kürbisbrei aus dem Topf mit einem Esslöffel durch ein Sieb in eine extra Schale. Jetzt kommen die Gelatineblätter in den Kürbisbrei. Verrühre alles so lange, bis sich die Gelatine aufgelöst hat.
8. Rühre den Ei-Schnee behutsam unter die Kürbismasse, bis er gleichmäßig verteilt ist (das nennt man auch unterheben). Danach kommt die Sahne, die Du ebenfalls unter den Kürbis-Eischnee-Brei sanft einrührst.
9. Jetzt kannst Du Deine Kürbis-Creme in Schälchen oder in Ausstechförmchen auf Teller füllen und in den Kühlschrank stellen.

Nachspeisen

Grießpudding

1. Gieße die Milch in einen Topf.
2. Schneide die Vanilleschote längs auf, kratze das braune Mark mit dem Messer heraus und streue es in die Milch.
3. Dann gibst Du den Agavendicksaft oder den Honig dazu.
4. In einer Schüssel verrührst du gleichmäßig den Weizengrieß mit einem halben Becher Milch. Dann gießt du das Ganze in einen Topf.
5. Du erwärmst nun auf kleiner Flamme den Topf und rührst ständig.
6. Wenn der Grießbrei cremig ist, nimmst Du den Topf von der Kochstelle.
7. Schlage nun die Sahne mit den Rührern des Mixers, bis sie fest ist.
8. Hebe die Sahne unter den Grießbrei sobald dieser fast kalt ist.
9. Dann füllst Du Deinen Pudding in eine Schüssel.

Zeitbedarf
45 Minuten

Schwierigkeitsgrad

Tipp von Cater Mom:
Du kannst einen Löffel Sahne für die Dekoration zurückbehalten. Mit schönen Beeren und einem Minzblatt wird Dein Nachtisch auch zu einem Augenschmaus.

Zutaten

2 Personen

1-2 Becher Milch

1 Tasse Weizengrieß

1 daumenbreites Stück Vanilleschote

1 Tasse Sahne

8 TL Agavendicksaft oder Honig

4 Personen

4 Becher Milch

2 Tassen Weizengrieß

½ Vanilleschote

1 Becher Sahne

14-15 TL Agavendicksaft oder Honig

Nachspeisen

Kandierter Lagerfeuerapfel

Zutaten

2 Personen	4 Personen
2 kleine Äpfel	4 Äpfel

Zeitbedarf
30 Minuten

Schwierigkeitsgrad

1. Äpfel mit heißem Wasser abwaschen.
2. Dann piekst Du mit einer Nadel mehrmals über den ganzen Apfel verteilt durch die Schale.
3. Entferne mit einem Apfelstecher das Kerngehäuse.
4. Stecke den Apfel jetzt auf einem Holzstock und halte ihn über das Feuer. Aber nicht zu tief, damit er nicht verbrennt.

Tipp:
Der natürliche Zucker, der mit dem Saft durch die Schale aus dem Apfel steigt, überzieht den Lagerfeuerapfel mit einer glänzenden Zuckerschicht. Und wie es duftet!

Nachspeisen

Pfirsichschaum

1. Leg die Gelatine in eine Schale mit kaltem Wasser.
2. Wasche die Pfirsiche gründlich und trockne sie ab.
3. Schneide sie in Viertel und ziehe die Haut ab.
4. Püriere die Früchte.
5. Gib das Pfirsichpüree in einen Topf.
6. Süße mit Agavendicksaft.
7. Bei leichter Hitze und unter leichtem Rühren löst Du die Gelatine vollständig auf.
8. Lass den Brei abkühlen.
9. Mit dem Eitrenner entfernst Du das Eigelb.
10. Schlag das Eiweiß mit den Rührern des Mixers, bis es fest ist.
11. Dann hebst Du den Eiweißschnee vorsichtig unter das fast kalte Fruchtpüree.
12. Fülle den Pfirsichschaum in schöne Gläser und stell sie in den Kühlschrank.

Tipp von Ken Chi:
Es eignen sich auch andere Früchte wie Mangos oder auch Kirschen für diese Nachspeise. Denk daran, dass Du vor dem Pürieren die Kerne entfernen musst.

Zeitbedarf
50 Minuten

Schwierigkeitsgrad

Zutaten

2 Personen

4 Pfirsiche

3 Blatt weiße Gelatine

1 Eiweiß

4 TL Agavendicksaft oder Honig

4 Personen

8-10 Pfirsiche

6 Blatt weiße Gelatine

2 Eiweiße

2-3 EL Agavendicksaft oder Honig

Nachspeisen

Himbeerwackelpudding

Zeitbedarf
45 Minuten

Schwierigkeitsgrad

Zutaten

2 Personen	4 Personen
2 Tassen Wasser	1,5 Becher Wasser
8-10 TL Agavendicksaft	5-7 EL Agavendicksaft
3 Blatt weiße Gelatine	6 Blatt weiße Gelatine
200 g Himbeeren	400-500 g Himbeeren

1. Lege die Gelatine in eine Schale mit kaltem Wasser.
2. Wasche die Beeren gründlich und lass sie gut abtrocknen.
3. Zerdrücke die Beeren in einem Sieb (am besten aus Metall) und drücke den Fruchtbrei mit einem Löffel durch das Sieb in einen Topf. Dann bleiben die Kerne im Sieb zurück.
4. Jetzt süße den Brei mit dem Agavendicksaft und gieße etwas Wasser dazu.
5. Stell den Topf auf den Herd und erwärme ihn leicht. Die Gelatine löst sich unter ständigem Rühren auf.
6. Nimm schöne Gefäße und spüle sie mit kaltem Wasser aus.
7. Dann gießt Du die Flüssigkeit hinein und lässt sie abkühlen. Stell die Schälchen dazu für etwa 2 Stunden in den Kühlschrank.
8. Wenn der Wackelpudding fest ist, kannst Du ihn auch umgekehrt auf einen Teller stürzen.

Tipp von Florux:
Es eignen sich auch Brombeeren und Heidelbeeren für diesen Wackelpudding. Leg ein paar Beeren dazu und ein Minzblatt. Im Winter kannst Du für den Nachtisch gefrorene Beeren nehmen.

Nachspeisen

Beerencreme

1. Wasche die Beeren gründlich und lass sie in einem Sieb abtrocknen.
2. Püriere die Beeren mit dem Pürierstab und streiche den Brei durch ein Sieb in einen Topf.
3. Jetzt süße den Brei mit dem Ahornsirup.
4. In einer Schale verrührst Du mit einer Gabel die kalte Milch mit der Stärke.
5. Stell den Topf auf den Herd und erwärme den Früchtebrei. Wenn er leicht köchelt, kommt die Milch unter ständigem Rühren dazu, bis dein Beerendessert schön cremig ist.
6. Nimm die Creme zum Abkühlen vom Herd.
7. Mit dem Mixer und den Rührern schlägst Du die Sahne steif und hebst sie unter die nahezu kalte Beerencreme.
8. Dann füllst Du sie in schöne Schalen und legst einige Beeren als Dekoration oben auf.

Tipp von Cater Mom:
Es eignen sich auch andere Früchte wie Pfirsiche für diese Nachspeise. Du kannst auch ein paar Teelöffel voll geschlagene Sahne zum Verzieren zurückbehalten.

Zeitbedarf 45 Minuten

Schwierigkeitsgrad

Zutaten

2 Personen

1,5 Tasse Milch

5 TL Ahornsirup

4 TL Stärke

150 g Beerenfrüchte

1 Tasse Sahne

4 Personen

1,5 Becher Milch

3 EL Ahornsirup

1 EL Stärke

250 g Beerenfrüchte

1 Becher Sahne

Im Höhlendorf Hochdrobendrauf

Nach zwei ungemütlichen Regentagen kam das Expeditionsteam in das gastliche Höhlendorf Hochdrobendrauf. Die geselligen Bewohner begrüßten die Gäste freudig. Kurz darauf bezogen die drei patschnassen Abenteurer eine behagliche Gästehöhle, die von einem warmen Licht erhellt wurde. Als ihre feuchten Kleider am Feuer trockneten, stiegen ihnen schon aufregende Düfte in ihre Nasen.

Sie bummelten durch das spannende Höhlendorf und Cater Moms Spürnäschen führte sie schnurstracks in Gourmestos Küchenhöhle. Über einem lodernden Feuer brodelte ein großer Topf, aus dem wundervolle Gerüche in die Luft stiegen. Ein altes Hutzelmännchen mit einem gelben Zipfelhut blätterte in einem uralten dicken Buch. Es warf mal jenes und mal dieses in den Topf, las dann wieder und rührte dabei kräftig. Dann kostete er versonnen, streute noch ein Gewürz hinzu und wartete einen Moment.

Die Wissenschaftler waren hellauf begeistert von der leckeren Speise. Als sie die Teller bis auf den letzten Tropfen leer gelöffelt hatten, setzte sich Gourmesto zu ihnen. Sie stellten Fragen über Fragen. Wer hat das Buch geschrieben? Wo hat er seine Kochkunst erlernt? Wer waren seine Lehrer und woher stammen die Zutaten?

Plötzlich nickte das Hutzelmännchen in seinem blauen Gewand und sein grauer Zopf schwang dabei hin und her. Zufrieden lächelnd füllte er die dampfende Suppe in Schalen und reichte sie stolz seinen Gästen.
„Seid mir willkommen, ich bin Gourmesto, der Küchenchef im Dorf. Mir ist zu Ohren gekommen, dass ihr Experten seid. Wohlan, kostet!". „Sehr freundlich, herzlichen Dank", schnurrte Cater Mom, dem das Wasser in seinem samtweichen Schleckermäulchen schon zusammenlief. Florux schnüffelte am verlockend duftenden Teller und Ken Chi schlürfte die heiße Suppe, die an diesem kalten Regentag so gut tat.

Gourmestos geheimnisvolles Buch

Gourmesto saß im Schneidersitz, blickte ins Feuer und erklärte geduldig. Dabei schauten seine Augen liebenswürdig und oft zeigte sich ein Lächeln. Der Alte wusste noch vieles, was von den meisten Menschen vergessen worden war. Jedes Gericht aus seiner Hand verwandelte sich in einen unglaublichen Genuss.

Das Expeditionsteam blieb noch einige Tage in dem Dorf. Ihr Aufenthalt wurde ihnen mit wunderbaren Gerichten versüßt. Sie studierten das uralte Buch und erfuhren allerlei Wissenswertes über Gemüse und Obst. Wann es besonders frisch ist und dass es hier in Hochdrobendrauf angebaut und liebevoll gehegt wird. Ein kunstvoll gemalter Kalender sorgte für Übersicht auf einen Blick.

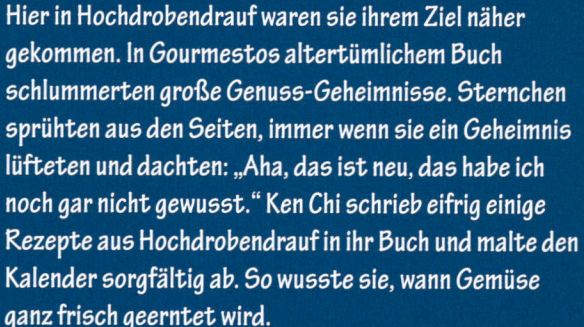

Hier in Hochdrobendrauf waren sie ihrem Ziel näher gekommen. In Gourmestos altertümlichem Buch schlummerten große Genuss-Geheimnisse. Sternchen sprühten aus den Seiten, immer wenn sie ein Geheimnis lüfteten und dachten: „Aha, das ist neu, das habe ich noch gar nicht gewusst." Ken Chi schrieb eifrig einige Rezepte aus Hochdrobendrauf in ihr Buch und malte den Kalender sorgfältig ab. So wusste sie, wann Gemüse ganz frisch geerntet wird.

Ernte-Kalender

Gemüsesorte	Erntemonate
Blumenkohl	Mai, Juni, Juli, August, September, Oktober, November
Grünkohl	Oktober, November, Dezember, Januar
Rosenkohl	Oktober, November, Dezember, Januar, Februar
Kohlrabi	Mai bis einschließlich Oktober
Rotkohl	Juli bis einschließlich November
Spitzkohl	Juni bis einschließlich November
Weißkohl	Mai bis einschließlich November
Wirsingkohl	Juni bis einschließlich November
Zucchini	Juni bis einschließlich November
Zwiebeln	April bis einschließlich November
Steckrüben	September, Oktober, November
Tomaten	Juni, Juli, August, September
Spargel	April, Mai, Juni
Spinat	April bis einschließlich November
Rote Bete	Juni bis einschließlich November
Kürbis	September, Oktober, November
Poree	Januar bis Dezember (ganzjährig)
Radieschen	April bis einschließlich November
Rettich	Mai bis einschließlich November
Möhren	Juni bis einschließlich November
Bohnen	Juli, August, September, Oktober
Brokkoli	Mai bis einschließlich November
Erbsen	Juni, Juli, August, September, Oktober
Eissalat	Mai bis einschließlich Oktober
Endiviensalat	Mai bis einschließlich November
Feldsalat	Januar bis Dezember (ganzjährig)
Kopfsalat	März bis einschließlich November
Radicchio	Juni bis einschließlich November
Rucola	April bis einschließlich November

Abendessen

Tigerhäppchen

Zeitbedarf
25 Minuten

Schwierigkeitsgrad

Zutaten

2 Personen

4 Scheiben Vollkornbrot

1 TL Butter

2 Eisbergsalatblätter

2 Scheiben Käse

4 Personen

8 Scheiben Vollkornbrot

2 TL Butter

4 Eisbergsalatblätter

4 Scheiben Käse

1. Bestreiche die Vollkornbrotscheiben mit Butter.
2. Belege die Brote mit einem Salatblatt und Käse.
3. Obendrauf legst Du ebenfalls eine Vollkornscheibe.
4. Mit Ausstechförmchen für Kekse stichst Du aus den Brotscheiben Formen aus.
5. In die Tigerhäppchen aus Brot und Käse piekst Du einem Zahnstocher, der sie zusammenhält.

Tipp von Florux:
Noch leckerer werden die schönen Tigerhäppchen, wenn Du Schnittlauch schneidest und in die Tigerhäppchen einbaust.

• Abendessen

Brottorte

Schwierigkeitsgrad

1. Schneide das runde Brot viermal waagerecht durch, so dass 5 runde Brotscheiben entstehen.

2. Bestreiche die aufgeschnittenen Scheiben mit Butter. Beleg sie mit Salatblättern und Wurstscheiben. Dann legst Du eine Brotscheibe darüber, die Du mit Salami und Gurkenscheiben bedeckst. Nun folgt wieder eine Brotscheibe mit Salat und Tomatenscheiben. Alle Scheiben müssen belegt werden, bis Du als letztes den Deckel auflegen kannst. Jetzt kannst Du die Brottorte wie eine Torte anschneiden und servieren.

Zutaten

2 Personen	4 Personen
1 kleines oder ½ rundes Bauernbrot	1 rundes (500 g) Bauernbrot
½ Salatherz	2 Salatherzen
½ Gurke	1 Gurke
1 Tomate	2 Tomaten
5 Salamischeiben oder Putenwurst	10 Salamischeiben oder Putenwurst
¼ Stück Butter	½ Stück Butter
5 Käsescheiben	10 Käsescheiben

Abendessen

Zucchini-Soufflé

Abendessen

1. In einer Pfanne röstest Du auf mittlerer Stufe den Sesam kurz ohne Fett an.
2. Schmelze in einem Topf die Butter und gib dann das Mehl dazu und verrühre alles schnell.
3. Schalte die Kochplatte schon aus.
4. Gib Schluck für Schluck die Milch dazu und rühre alles mit dem Schneebesen, bis die Zutaten sich zu einer cremigen Soße verbinden.
5. Als nächstes kommen der Schmand, der Zitronensaft und die Gewürze dazu.
6. Wasche die Zucchini und schneide die Enden ab.
7. Mit einer groben Reibe raspelst Du die Zucchini zu Gemüsestreifen.
8. Gib alle Streifen in den Topf.
9. Mit dem Eitrenner sammelst Du das Eiweiß in einer Schüssel.
10. Das Eigelb kommt in den Topf zu den Zucchini und Du rührst alles gut um.
11. Mit den Rührern des Mixers schlägst Du aus dem Eiweiß einen festen Ei-Schnee.
12. Den Ei-Schnee hebst Du mit einem Löffel vorsichtig unter die Masse.
13. Heize den Ofen auf 175 Grad vor.
14. Gib die Zucchinimasse in kleine Auflaufförmchen.
15. Mach sie nicht ganz voll. Fülle die Förmchen nur bis zu einem daumenbreit vor dem Rand.
16. Backe das Soufflé 45 Minuten. Es ist gut, wenn es oben leicht braun ist.

Zeitbedarf
1 Stunde

Schwierigkeitsgrad

Zutaten

2 Personen	4 Personen
2 kleine Zucchini	2 große Zucchini
3 TL Sesam	6 TL Sesam
1 Tasse Milch	1,5 Tassen Milch
2 TL Butter	4 TL Butter
1 EL Mehl	2 EL Mehl
2 EL Schmand	1 Becher Schmand
Saft einer Zitrone	Saft von 2 Zitronen
3 Eier	5 Eier
½ TL Salz	1 TL Salz
1 Msp. Pfeffer	½ TL Pfeffer
1 Msp. Muskat	½ TL . Muskat

Tipp von Ken Chi:
Ganz feine Scheiben kannst Du auch mit einem Gemüsehobel machen.

Abendessen

Zeitbedarf 1,5 Stunden

Schwierigkeitsgrad

Zutaten für die Soße

2 Personen

- 1 kleine Dose Tomatenmark
- ½ TL Kräuter wie Oregano, Rosmarin und Basilikum
- ½ Knoblauchzehe

4 Personen

- 2 kleine Dosen Tomatenmark
- 1 TL Kräuter wie Oregano, Rosmarin und Basilikum
- 1 Knoblauchzehen

Zutaten für den Teig

2 Personen

- 1 Becher (Vollkorn-)Mehl
- ½ Päckchen Hefe
- 1 EL Olivenöl
- je ½ TL Zucker und Salz
- 3 Prisen getrocknete Kräuter z. B. Oregano, Rosmarin, Basilikum
- ½ - 1 Glas Mineralwasser classic
- 1 Msp. Pfeffer

4 Personen

- 2 Becher (Vollkorn-)Mehl
- 1 Päckchen Hefe
- 2-3 EL Olivenöl
- je 1 TL Zucker und Salz
- 1/2 TL getrocknete Kräuter z. B. Oregano, Rosmarin, Basilikum
- 1 Glas Mineralwasser classic
- 2 Msp. Pfeffer

Zutaten für den Belag

2 Personen

- 3 EL geriebener Käse
- 2 Scheiben Geflügelwurst
- 3 EL Erbsen
- 3 EL Mais
- 4 kleine Champignons
- 2 kleine Tomaten
- ½ Zwiebel
- ½ rote Paprika
- ½ grüne Paprika

4 Personen

- 6-7 EL geriebener Käse
- 4-5 Scheiben Geflügelwurst
- 6 EL Erbsen
- 6 EL Mais
- 5-6 Champignons
- 4 kleine Tomaten
- 2 Zwiebeln
- 1 rote Paprika
- 1 grüne Paprika

Kunterbunte Gemüsepizza

1. Löse die Hefe in einer Tasse mit dem Zucker und mit 2 Esslöffeln lauwarmem Leitungswasser auf.
2. Mische Mehl, Salz, Öl, die getrockneten Kräuter, Pfeffer und die aufgelöste Hefe in einer Rührschüssel.
3. Füge zum Schluss Mineralwasser hinzu und verarbeite alle Zutaten mit dem Mixer und den Knethaken zu einem geschmeidigen Teig.
4. Pinsel ein rundes Blech (Backform von ca. 25cm) für die Pizza mit Olivenöl ein. Für 2 Personen brauchst Du eine Pizza. Teile den Teig entsprechend auf. Lege Deine Hand in das Mehl, dann bleibt daran kein Teig kleben. Drücke dann mit dieser Hand den Teig gleichmäßig dünn auf das Pizzablech und ein wenig den Rand des Bleches hinauf.
5. Du zerdrückst den Knoblauch mit einer Presse.
6. Für Deine Pizzasoße verrührst Du nun in einer Schüssel das Tomatenmark mit 1 Esslöffel Wasser, dem Knoblauchbrei und den trockenen Kräutern. Streich mit einem Löffel diese Soße dünn auf den Teig. Stell den Teig in den kalten Ofen und lass ihn mindestens 30 Minuten, besser 1 Stunde ziehen. (1 Std. warten)
7. Hole den Teig nach 30 - 60 Minuten wieder heraus und schalte den Ofen auf 200 Grad ein.
8. Wasche die Tomaten, die Paprika und die Pilze und schneide alle anderen Zutaten wie Zwiebeln und Wurst klein.
9. Schichte sie als Belag auf Deine Pizza.
10. Zum Schluss bestreust Du die Pizza mit geriebenem Käse und bäckst sie 15 -20 Minuten im 200 Grad heißen Ofen auf der mittleren Schiene. Wenn Du sie etwas krosser magst, lass sie 5 Minuten länger im heißen Ofen.

Tipp:
Wenn Du eine Zutat nicht magst, lass sie einfach weg oder tausche sie gegen eine andere aus.

Abendessen

Abendessen

Salat im warmen Mantel

1. Wasche die Salatzutaten. Schüttle das Wasser ab oder lass das Gemüse in einem Sieb abtropfen.
2. Schneide alle Zutaten in feine Stücke und vermische sie in einer Schale.
3. Leg jeweils 1 Wrap oben auf den Brötchenaufsatz des Toasters und erwärme es ca. ½ Minute von beiden Seiten.
4. Verstreiche 1 Esslöffel Soße auf dem Wrap.
5. Fülle eine große Hand voll frischen Salat in den Wrap.
6. Knicke zweifingerbreit vom Wrap als Boden um und wickle dann eine Rolle oder schlage links und rechts den Wrap zu einer Tasche ein.

Zeitbedarf 45 Minuten

Schwierigkeitsgrad

Tipp von Florux:
Du kannst alle Gemüsesorten gegen andere austauschen, die Du lieber magst oder auch mal mit Obst wie Erdbeeren oder Trauben ergänzen.

Zutaten

2 Personen	4 Personen
2-3 Wraps	4-6 Wraps
2 EL Cocktail- oder Currysoße	4-5 EL Cocktail- oder Currysoße
1 Salatherz	2 Salatherzen
2-4 Cocktailtomaten	4-6 Cocktailtomaten
2-4 Radieschen	4-6 Radieschen
1 Frühlingszwiebel	3 Frühlingszwiebeln
2 EL Mais	4 EL Mais

Abschied von Hochdrobendrauf

Ken Chi, Cater Mom und Florux studierten viele Tage die großartigen Rezepte und die Weisheiten in Gourmestos geheimnisvollem Buch. Die tollsten Rezepte aus Hochdrobendrauf hat Ken Chi in ihr Expeditionsbuch geschrieben. Der alte Kalender in dem Buch faszinierte alle drei sehr. „Ich werde zu Hause nun auch immer darauf achten, wann welches Gemüse gerade Saison hat", sagte Cater Mom beim abschließenden gemeinsamen Abschiedsessen. „Also der Blumenkohl ist so was von lecker", er leckte sich die Lippen. „Blumenkohl hat gerade Saison", erklärte Gourmesto, „ganz frisch zubereitet schmeckt alles am besten". „Aber was macht denn Dein Gemüse und Obst so schmackhaft, wenn Du es nicht frisch von Feld holen kannst?", fragte Ken Chi. „Die richtige Lagerung macht es", erzählte Gourmesto, „kühl und ganz dunkel darf Gemüse lagern, egal ob Kohl oder Salat. Auch Kartoffeln brauchen tiefe Dunkelheit und Kühle. In meiner Küchenhöhle habe ich einige kleine Lagergewölbe. Jedes Gemüse und auch Obst braucht anderes Klima zum Lagern.", erklärte Gourmesto und schaute dabei lächelnd in die Runde.
„Ich hatte mir schon gedacht, dass Euch das interessieren wird und hier habe ich Euch das Wichtigste einmal aufgeschrieben."

Er reichte ihnen mehrere beschriebene Seiten und sofort waren Florux, Cater Mom und Ken Chi in die Aufzeichnungen vertieft. Gourmesto schmunzelte augenzwinkernd, ihm machte der Wissensdurst und das Interesse seines Besuches sichtlich Spaß.
Die Freunde lasen:

Bohnen: Sie halten sich nicht lange frisch! Nur 1-2 Tage in einem luftdurchlässigen Gefäß und ganz kühl, aber ohne Minustemperaturen verwahren.

Brokkoli: Bitte nur höchstens 4 Tage, aber genauso wie Bohnen aufbewahren.

Feldsalat: Legst Du am besten in den Kühlschrank. Dort bleibt er noch 1-2 Tage frisch.

Blattsalate: Kannst Du 4 bis 6 Tage im Kühlschrank lagern. Kopfsalat mit einem frisch angeschnittenen Stengel (Strunk) in eine, mit nur wenig Wasser gefüllte Schüssel legen, nur der Boden der Schale oder Schüssel sollte mit Wasser bedeckt sein.

Salatgurken: Immer alleine aufbewahren und nicht in den Kühlschrank legen. Sie können eine Woche aufbewahrt werden.

Spargel: Es gibt grünen und weißen Spargel. Der grüne ist intensiver und kerniger im Geschmack, muss aber länger gekocht werden. Den grünen Spargel brauchst Du nicht zu schälen. Spargel bleibt nach der Ernte einige Tage frisch, wenn Du ihn in feuchte Tücher gewickelt, kühl lagerst.

Zucchini: Sie mögen Temperaturen unter 5 Grad nicht. Du kannst Zucchini eine Woche lang aufbewahren.

Chinakohl: Lässt sich am besten in einer Papiertüte kühl und dunkel lagern. Leg ihn nicht in den Kühlschrank und achte darauf, dass er nicht gedrückt wird.

Endiviensalat: Hängst Du in einer Papiertüte kühl und dunkel auf. So wird er nicht gedrückt.

Möhren: Mögen es dunkel und kühl. Lass sie beim Waschen vor dem Verzehr 1 bis 2 Minuten im Wasser liegen.

Porree: Kannst Du für 2-3 Tage in das Gemüsefach im Kühlschrank legen. Achte darauf, dass die Porreestangen nicht gedrückt werden.

Kraut, Kohlrabi, Wirsing-, Rosen-, Blumen- sowie Grünkohl: Sind wichtige Vitaminspender im Winter. Sie lagern gern bei 5 bis 7 Grad im Dunkeln. Entferne vor dem Weglegen die äußeren großen Blätter. Wenn das Gemüse schon angeschnitten wurde, bleibt es in einer Folie eingewickelt frisch. Es hält ungefähr eine Woche. Rot- und Weißkohl kannst Du sogar noch länger so lagern.

Weißkohl, Rotkraut oder Rotkohl: Der Winter-Kohl ist immer geschmacksintensiver und eignet sich viel besser für die längere Lagerung. Bis zu 6 Wochen lassen sich beide lagern.

Kürbis: Mag es etwas wärmer. Bei 12-16 Grad Raumtemperatur kannst Du ihn aufbewahren.

Zwiebeln: Legst Du bitte nicht in den Kühlschrank. Sie halten sich gut in Körben oder gut belüfteten Töpfen, die kühl und dunkel stehen. Richtig schön sehen sie ebenso wie Knoblauch zu Zöpfen geflochten und aufgehängt aus.

Kartoffeln: Sie lassen sich für die Wintermonate gut lagern. Am besten in einem dunklen und kühlen Kellerraum. Grüne Stellen müssen später herausgeschnitten werden, sollten sie an einigen Stellen entstanden sein.

Obst und Gemüse sollte nicht zusammen gelagert werden!

„Ein toller Ratgeber. Vielen Dank", sagte Ken Chi und legte die Blätter ordentlich in das Expeditionsbuch, damit sie nicht verknitterten oder gar verloren gingen. Nun war es an der Zeit Abschied zu nehmen. Florux, Ken Chi und Cater Mom holten ihr Reisegepäck und nahmen jeden Hochdrobendrauf-Bewohner einmal fest in den Arm. Von Gourmesto verabschiedeten sie sich besonders herzlich und mit vielen Dankesworten.

Gebäck

Zeitbedarf
1,5 Stunden

Schwierigkeitsgrad

Zutaten

2 Personen (10 kleine Muffins mit ca. 5 cm Durchmesser)	4 Personen
1 große Möhre	2 Möhren
¼ Stück Butter	½ Stück Butter
3 TL cremiger Honig	2-3 EL cremiger Honig
1 Ei	2 Eier
1 Tasse Dinkelvollkornmehl	1 Becher Dinkelvollkornmehl
3 EL gem. Haselnüsse	5-6 EL gem. Haselnüsse
2 TL Backpulver	1 Päckchen Backpulver

1. Schäle die Möhren mit dem Sparschäler.
2. Rasple sie dann mit der Küchenreibe klein.
3. Jetzt rührst Du weiche Butter, Honig, Ei, Mehl, Backpulver, Möhrenraspel und die gemahlenen Haselnüsse mit dem Mixer und den Knethaken zu einem cremigen Teig.
4. Heize jetzt den Ofen auf 175 Grad vor.
5. Fülle einen gehäuften Teelöffel mit Teig in die kleinen Papierbackförmchen für Muffins. So breit wie Dein kleiner Finger ist, sollte noch Platz bis zum Rand des Papierförmchens sein.
6. Stell die Förmchen auf einem Blech für 25-30 Minuten auf die mittlere Schiene in den Ofen.
7. Pieke mit einem Holzzahnstocher in ein Muffin. Wenn kein Teig mehr am Holzstäbchen klebt, sind die Muffins fertig.
8. Deine Küchlein lässt Du im Backofen bei geöffneter Klappe abkühlen.

Gebäck

Gebäck

Kartoffelwaffeln herzhaft und fruchtig

Zeitbedarf 50 Minuten

Schwierigkeitsgrad

Zutaten

2 Personen

1-2 große, mehlig- kochende Kartoffeln oder übrig gebliebene Pellkartoffeln

2 Eier

1 Tasse Mehl

½ Tasse Milch

1 TL Öl

1 Prise Pfeffer

1 Prise Salz

1 Prise Muskat

4 Personen

2-3 große, mehlig- kochende Kartoffeln oder übrig gebliebene Pellkartoffeln

4 Eier

2 Tassen Mehl

1 Tasse Milch

1 EL Öl

1 Msp. Pfeffer

1 Msp. Salz

1 Msp. Muskat

1. Du kannst die Kartoffeln mit der Schale 20 Minuten kochen. Dann gießt Du das Wasser ab und lässt die Kartoffeln abkühlen.
2. Pelle die Kartoffeln und mach mit einer Kartoffelpresse daraus Brei.
3. Gib in einer Rührschüssel Mehl, Eier, Gewürze, den Kartoffelbrei und ein Schuss Mineralwasser oder Milch zusammen.
4. Mit dem Mixer und den Quirlen verrührst Du alles zu einem geschmeidigen Teig.
5. Streiche das Waffeleisen mit einem Pinsel und Öl ein.
6. Dann füllst Du Teig mit einer kleinen Kelle in das Eisen und bäckst die Waffel, bis sie goldgelb ist.

Tipp von Florux:
Die warmen, herzhaften Gemüse-Waffeln schmecken ausgezeichnet mit Kräuterquark. Zu den fruchtigen Waffeln passt auch ein bisschen Sahne, das ist sehr lecker. Beide Varianten sehen dann aus wie tolle Döner.

Geburtstagskuchen

1. Du verrührst weiche Butter, Honig und Eier mit dem Mixer und den Rührern zu einer schaumigen Masse.
2. Nun gibst Du Backpulver, Kakao und Mehl hinzu.
3. Wenn der Teig zu fest ist und sich nur schwer gleichmäßig in die Kuchenform (ca. 20-25 cm Durchmesser) streichen lässt, gießt Du einen Schuss Milch dazu.
4. Stelle den Backofen auf 170 Grad ein.
5. Mit einem Pinsel fettest Du die Kuchenform mit etwas Butter ein.
6. Streu Paniermehl in die Kuchenform und verteile sie durch Schütteln gut auf dem Boden und an den Wänden der Form.
7. Gib den Teig in die Form und streiche ihn glatt.
8. Backe deinen Kuchen auf dem mittleren Gitter mit Hitze von unten 60-70 Minuten.
9. Den Kuchen lässt Du im Backofen bei geöffneter Klappe abkühlen.

Zeitbedarf
2 Stunden

Schwierigkeitsgrad

Zutaten

1 Stück Butter

1 Glas (200 g) Akazienhonig

4 Eier

1 Becher Weizenvollkornmehl

3 EL Kakao

2 gestr. TL Backpulver

3 EL Paniermehl

1 Schuss Milch

Tipp von Florux:
Mit einem Zahnstocher aus Holz piekst Du in den Kuchen. Wenn kein Teig mehr am Holzstäbchen kleben bleibt, ist er fertig gebacken.

Gebäck

Gebäck

Knusperberge

1. Lass die Butter in einem Topf auf kleinster Flamme flüssig werden.
2. In einer Rührschüssel verrührst Du mit dem Mixer Mehl, Eier, Honig, Backpulver und die flüssige Butter zu einem Teig.
3. In den Teig gibst Du Rosinen, wenn Du sie magst.
4. Zum Schluss mischst Du die Cornflakes vorsichtig mit der Hand in den Teig.
5. Danach legst Du ein Backblech mit Backpapier aus.
6. Den Backofen stellst Du jetzt auf 180 Grad ein, damit er die richtige Hitze für die Knusperberge erreicht hat, wenn das Blech mit den Teighäufchen belegt ist.
7. Mit einem Löffel nimmst Du nun kleine Teigmengen aus der Schüssel und formst sie zu Kugeln. Die fertigen Kugeln legst Du nebeneinander auf das Backblech.
8. Ist das Blech voll belegt mit Teigkugeln, kommen die Knusperberge für 15 Minuten auf die mittlere Schiene in den Ofen.
9. Nach 15 Minuten schaltest Du den Ofen aus und öffnest die Ofenklappe. Nach dem Abkühlen kannst Du Dir die Knusperberge schmecken lassen.

Zeitbedarf
45 Minuten

Schwierigkeitsgrad

Zutaten

2 Personen	4 Personen
½ Stück Butter	1 Stück Butter
2 Eier	3 Eier
3 EL Honig	6-8 EL Honig
1,5 Tassen Mehl	3 Tassen Mehl
1 TL Backpulver	½ Tüte Backpulver
3 Becher Cornflakes	5 Becher Cornflakes
½ Tüte Rosinen (nach Geschmack)	1 Tüte Rosine (nach Geschmack)

Coole Drinks für heiße Tage

Cater Mom tüftelte, schleckte und rief: "Wir können doch auch Frucht- oder Gemüsesaft mit sprudelndem Wasser mischen. Ken Chi, probiere mal! Ich habe gerade Schorle gemischt. Lecker!"

Flüssiges Obst, was ist was?

Flüssiges Obst, das sind fruchthaltige Getränke. Es gibt sie in so vielen Sorten. Bei Deiner Auswahl solltest Du auf Folgendes achten: Am besten nimmst Du Fruchtsaft, wie zum Beispiel Apfelsaft oder Orangensaft, denn der besteht vollständig aus dem Saft von Früchten. Er ist frei von zusätzlichem Zucker und ohne Konservierungsstoffe. Direktsaft ist besonders schonend hergestellter Fruchtsaft. Fruchtnektar enthält weniger Frucht als die Fruchtsäfte. Fruchtnektar ist mit Wasser verdünnter Fruchtsaft, dem auch Zucker zugegeben wird. Manche Früchte, wie zum Beispiel Bananen, schwarze Johannisbeeren oder Sauerkirschen werden nicht als Saft, sondern nur als Nektar verkauft. Der pure Saft ist zu aromatisch, dickflüssig oder sauer. Fruchtschorlen oder Fruchtsaftschorlen enthalten, neben genauso viel Fruchtsaft wie die Fruchtnektare, häufig sprudelnde Kohlensäure, damit sie noch erfrischender schmecken. Fruchtsaftgetränke enthalten am wenigsten Fruchtsaft, dafür aber viel Zucker. Achte bei der Auswahl Deines flüssigen Obstes immer darauf, wenig Zucker zu Dir zu nehmen. Am Besten nimmst Du reinen Fruchtsaft. Gib die gleiche Menge prickelndes Mineralwasser dazu. Das löscht Deinen Durst viel besser.

Punsch & Bowle für kalte Zeiten

Getränke

Glückspunsch

Zeitbedarf
20 Minuten

Schwierigkeitsgrad

Zutaten

2 Personen	4 Personen
1 Glas Orangensaft	2 Gläser Orangensaft
1 Glas Apfelsaft	3 Gläser Apfelsaft
1 Zimtstange	1 Zimtstange
Mark von 2 daumenbreit einer Vanilleschote	Mark ½ Vanilleschote
1 Glas stilles Mineralwasser	3 Gläser stilles Mineralwasser

1. In einem Topf gießt Du Orangensaft, Apfelsaft und Wasser zusammen.
2. Erwärme alles auf mittlerer Stufe.
3. Gib die Zimtstange hinein.
4. Schneide die Vanilleschote mit der Messerspitze der Länge nach auf.
5. Dann schabst Du die dunkelbraunen Krümelchen mit dem Messer heraus.
6. Diese Krümelchen kommen in den Punsch.
7. Der Punsch bleibt jetzt 15 Minuten stehen.
8. Dann kannst Du ihn durch ein Sieb in schöne Punschbecher geben und zu Hause trinken.

Tipp:
In einer Thermoskanne bleibt Dein Punsch lange heiß. Du kannst ihn bei kaltem Wetter als Proviant oder mal für eine Nachtwanderung mitnehmen. Die Wärme beim Trinken macht Dich und Deine Freunde draußen glücklich. Deswegen heißt das Getränk „Glückspunsch".

Getränke

Murmelbowle

1. Schneide die Melone durch und entferne die Kerne.
2. Mit dem Melonenlöffel stichst Du Kugeln aus dem Melonenfleisch. Du kannst sie gleich in die Gläser stapeln.
3. Mische nun Birnennektar und Mineralwasser in einer Kanne. Kurz umrühren und dann in die Gläser füllen.
4. Schneide einen Apfel in Scheiben und schneide diese bis zur Mitte ein. Nun steckst Du die Scheiben als Zierde an den Glasrand.

Tipp:
Du kannst auch alle Zutaten in ein Bowlegefäß oder eine elegante Glasschale geben. Dann freuen sich die Augen, weil es so schön und lustig aussieht.

Zeitbedarf
45 Minuten

Schwierigkeitsgrad

Zutaten

2 Personen

1 Glas Mineralwasser mit Sprudel

1 Glas Birnennektar

4 Kugeln aus einer Honigmelone

4 Kugeln aus einer Wassermelone

1 Apfel

4 Personen

2 Gläser Mineralwasser mit Sprudel

2 Gläser Birnennektar

8 Kugeln aus einer Honigmelone

8 Kugeln aus einer Wassermelone

1 Apfel

Getränke

Zeitbedarf
1 Stunde

Schwierigkeitsgrad

Eistee

1. Als erstes bringst Du das Wasser zum Kochen.
2. Hänge die Teebeutel mit Pfefferminztee in eine Teekanne und übergieße sie mit kochendem Wasser.
3. Die Teebeutel bleiben 4 - 5 Minuten im heißen Wasser hängen.
4. Nimm die Teebeutel heraus. Gib Honig zum Süßen hinein und lass den Tee abkühlen.
5. Gib die Magic Eiswürfel (aus Apfelsaft) in ein Glas und gieß den kalten Pfefferminztee darüber.
6. Nun kannst Du Deinen Eistee genießen!

Zutaten

2 Personen	4 Personen
½ l Wasser	1 l Wasser
2-3 Teebeutel	4-5 Teebeutel
Pfefferminztee	Pfefferminztee
1 TL Honig	2 TL Honig
1 Eiswürfelbeutel	1 Eiswürfelbeutel
1-2 Gläser Apfelsaft	1-2 Gläser Apfelsaft

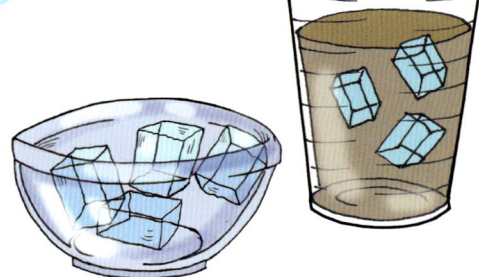

Tipp:
Leg am Abend vorher die Magic Eiswürfel in das Gefrierfach. Im Rezept für Magic Eiswürfel ist beschrieben, wie man sie macht.

Melissensekt

1. Löse unter ständigem Rühren den Zucker in kochendem Wasser auf.
2. Wasche die Zitronenmelissenblätter und schneide sie klein.
3. Die geschnittenen Blätter legst Du in eine Schale.
4. Presse nun den Saft aus den Zitronen.
5. Den Saft läßt Du durch ein Sieb in die Schale mit den Blättern laufen.
6. Gieße nun das Zuckerwasser auf die Zitronenmelissenblätter. Rühre alles einmal gut um.
7. Das Ganze muss nun eine Nacht lang ziehen. Decke dazu die Schale mit Frischhaltefolie ab, wenn sie abgekühlt ist.
8. Am nächsten Tag gießt Du das Gemisch durch ein Sieb und fängst die Flüssigkeit auf.
9. Den Sirup füllst Du in eine saubere und gut verschließbare Flasche.
10. In einem Krug mischst Du den Melissensirup mit Apfelsaft oder Magic Eiswürfeln (aus Apfelsaft) und Mineralwasser.

Zeitbedarf
1 Tag

Schwierigkeitsgrad

Zutaten

Für den Melissensirup:

350 g Zucker

1 l Wasser

2 Handvoll frische Zitronenmelissenblätter

3 Zitronen

Für den Melissensekt:

2 Personen	4 Personen
1 TL Melissensirup	2 TL Melissensirup
1 Glas Mineralwasser	2 Gläser Mineralwasser
1 Glas Apfelsaft oder Magic Eiswürfel	2 Gläser Apfelsaft oder oder Magic Eiswürfel

Getränke

Magic Eiswürfel

Schwierigkeitsgrad

1. Gieße den Saft am besten in eine Kanne.
2. Dann öffnest Du den Eiswürfelbeutel.
3. Fülle den Fruchtsaft in den Eiswürfelbeutel und verschließe ihn.
4. Leg ihn über Nacht in Euer Gefrierfach.
5. Am nächsten Tag kannst Du die Magic Eiswürfel für Deine Getränke verwenden.

Zutaten

2 Personen

2 Gläser Fruchtsaft
(z.B. Apfelsaft)

1-2 Eiswürfelbeutel

4 Personen

4-5 Gläser Fruchtsaft
(z.B. Apfelsaft)

1-2 Eiswürfelbeutel

Kräuterlimo

Zeitbedarf
4 Stunden

Schwierigkeitsgrad

1. Wasche die Kräuter gründlich.
2. Presse die Zitrone aus.
3. Gieße den Agavendick- und den Apfelsaft in einen Topf und erwärme alles.
4. Gieß den Zitronensaft hinein und lass die Kräuter für 20 Minuten im warmen Saft ziehen, dann schalte den Herd aus und lass das Ganze abkühlen.
5. Nimm einen Krug, der 2 Liter fasst, und gieße den Saft mit den Kräutern durch ein Sieb hinein.
6. Stell den Krug in den Kühlschrank.
7. Kurz vor dem Servieren gießt Du frisches Mineralwasser dazu.

Tipp:
Statt Agavendicksaft kannst Du auch Honig nehmen. Lege ein bis zwei Zweige der Kräuter zurück und stecke sie vor dem Eingießen in die Gläser.
Jedes Auge freut sich über diesen schönen Anblick.

Zutaten

2 Personen	4 Personen
1-2 Gläser Fruchtsaft (am besten Apfelsaft)	2-3 Gläser Fruchtsaft (am besten Apfelsaft)
½ Glas Agavendicksaft	1 Glas Agavendicksaft
3 Zweige Basilikum	6 Zweige Basilikum
2 kleine Zweige Rosmarin	3 Zweige Rosmarin
4 Zweige Zitronenthymian	8 Zweige Zitronenthymian
6 Zweige Melisse	12 Zweige Melisse
1 kleiner Zweig Salbei	1 Zweig Salbei
1 Zitrone	2 Zitronen
2 Gläser gekühltes Mineralwasser	1 Flasche gekühltes Mineralwasser

Finde die 8 Unterschiede

Das Spül-ABC

Angefangen mit **B**edacht und insgesamt echt **C**lever gemacht!

Angefangen mit ...

Nach einem leckeren Picknick unter einer alten Weide am Fluss räumte Florux das Besteck und das Geschirr zusammen. Klug entfernte Ken Chi vor dem Spülen Speisereste von den Tellern in ein kleines Müllgefäß. Plätschernd spülte sie die groben Reste des Essens unter fließend kaltem Wasser vom Geschirr ab. Für Cater Mom stellte sie das ganze Geschirr dann so vor seiner Spülschüssel ab, dass hinten alles aus Metall, also die Backbleche, Pfannen, Töpfe und das Besteck griffbereit standen. Direkt davor stapelte sie die Schüsseln und die Teller. Tassen und Gläser stellte das quirlige Huhn ganz nah an das Spülbecken, damit sie zuerst drankommen. Bevor sie wegflatterte, reinigte sie auch noch die Spülschüssel mit klarem Wasser.

Cater Mom ließ lauwarmes Wasser in das Becken einlaufen und gab einige Tropfen Spülmittel in den Wasserstrahl. Er freute sich flötend, weil es leicht schäumte. Das Spülbecken war nun halbhoch mit Wasser gefüllt und leise knisterte der regenbogenfarbene Schaum auf dem Wasser vor sich hin.

Tipp von Cater Mom: Zu viel Schaum lässt das Geschirr langsamer trocknen.

Du kannst dir für das Geschirrspülen merken: **V**-orspülen, **O**-rdentlich abstellen, **R**-ichtig dosieren!

Bedacht...

Cater Mom spülte zuerst alles aus Glas. Dann kam das feine Porzellan, die Tassen und dabei lachte er über die schön schillernden Bläschen. Danach griff er zu den Tellern und Schüsseln. Er ließ die Bürste lustig kreisen und schnurrte ein Lied dazu. Als er das Besteck zu spülen begann, stimmte er ein neues Lied an. Zum Schluss griffen seine flinken Pfoten zum Topfschwamm mit der kratzigen Seite, um die Töpfe, Pfannen und Backbleche wieder blitzblank zu reinigen.

Sein Tipp: Du solltest den Schaum unter laufendem warmen Wasser kurz abspülen. Wenn du das Geschirr nach dem Abwasch mit heißem Wasser nachspülst, trocknet es im Nu und hat keinen Geruch mehr.

Clever gemacht!

Das Geschirr stellte Cater Mom in einen Trockenkorb und nun schwirrte Ken Chi zum Abtrocknen heran. Funkelnde Gläser standen mit der Öffnung nach unten und das Besteck ruhte mit den Griffen nach oben im Korb. Mit einem Geschirrtuch trocknet sie das Besteck ab. Als sie es ablegte, glitzerte es streifenfrei.

Ihr Tipp: Stell die Gläser am besten daneben auf ein trockenes Geschirrtuch. So gibt es keine Tropfnasen am Glasrand.

Einkaufszettel

Kopiere die Buchseite mit dem Einkaufzettel für das Gericht, das Du zubereiten möchtest. Schneide ihn aus und schau vor dem Einkauf nach, was ihr an Zutaten noch zu Hause habt und wie viel davon.
Einige Zutaten habt ihr ganz bestimmt vorrätig. Die musst Du dann nicht mehr einkaufen. Die Zutaten, die da sind, kannst Du links von der Liste streichen.
In die rechte Spalte schreibst Du, was Du noch kaufen musst.

Fruchtrausch-Smoothie

Davon brauche ich noch:

Erdbeeren und Himbeeren 1 bis 2 Hände voll

Mindestens 2 Bananen

Honig (3-4 TL)

Zitrone (Saft, 2 TL)

Mineralwasser (½ Glas)

Minzblätter 2-4

Gaumenschmeichler

Davon brauche ich noch:

Süßkartoffel (½ oder 1)

1 Banane

Erdbeeren (Handvoll)

Zitrone (Saft, 2 TL)

Mineralwasser (½ Glas)

Salz (1 Prise)

Hautschmeichler-Shake

Davon brauche ich noch:

Karottensaft ½ bis 1 Glas

Orangensaft (Frische Orangen oder Saft)

Zitrone (Saft, 2 EL)

Ingwer

Mineralwasser (½ Glas)

Haferflocken

Joghurt 1-2 Becher

Salz (1 Prise)

Sonnenblumenöl (1 EL)

1 Zitrone o. Orange

Muskelprotz

Davon brauche ich noch:

1-2 Bananen

Sanddornsaft (4-8 EL)

Buttermilch, 1-2 Becher

Honig (2-4 TL)

1 Zitrone

Notizen

Notizen

Notizen

Notizen

Mini-Pancake

Davon brauche ich noch:

Butter (¼ oder ½ Stück)

Eier, 2 oder 4 Stück

Milch, 1 oder 2 Glas

Mineralwasser (4-8 EL)

Honig (2 bis 4 EL)

Vollkornmehl (1-2 Tassen)

Quarkmäuse

Davon brauche ich noch:

Dinkelvollkornmehl 2-4 Tassen (ersatzweise anderes Vollkornmehl)

Backpulver 2 – 2,5 TL

Salz (1-1,5 TL)

Honig (1,5 – 2 TL)

Magerquark max. 1 kl. Becher

Eier (1-2)

Milch (max. ¼ Tasse)

Backpapier

Zahnstocher

Milchreis mit Früchten

Davon brauche ich noch:

Milch (maximal 2 Becher)

Honig (2-4 EL)

gemahlener Zimt

Milchreis, max. 1 Becher

Salz, (nur 1 Prise)

Weiße Gelantine (2-4 Blatt)

1 Glas Schattenmorellen (Sauerkirschen)

1 Vanilleschote

Minze o. Melisse (1-2 Blätter)

Perlenmüsli

Davon brauche ich noch:

Grünkern (1-2 TL)

Weizen (1-2 TL)

Sahne (max. 1 Becher)

Honig, flüssig (max. 1 TL)

Salz (1 Prise)

Äpfel (1-2)

Notizen

Notizen

Notizen

Notizen

Regenbogenaufstrich grün

Davon brauche ich noch:

Zucchini (2-4 St., mittelgroß)

Butter (1-2 EL)

Gemüsebrühe (kl. Packung)

1 Muskatnuss (max. ½ TL voll gerieben)

Basilikum (8-15 Blätter)

Süße Sahne (max. 1 EL)

Salz (1 Prise)

Regenbogenaufstrich gelb

Davon brauche ich noch:

1 kleiner Hokaido
oder Butternut-Kürbis

Haselnüsse oder Mandeln
(2 – 5 EL gemahlene Nüsse)

Frischkäse (max. ¼ Becher)

Olivenöl (1-2 EL kaltgepresst)

Kräutersalz (1 Prise)

Ingwer (max. 3 Msp.)

Pfeffer (max. 3 Msp.)

Regenbogenaufstrich orange

Davon brauche ich noch:

1 Möhre

Mandeln (2-5 EL fein gemahlen)

Mandelöl (1 EL)

Räuchertofu (max. ¼ Päckchen)

1 Zitrone (Saft, max. 4 TL)

Kräutersalz (1 Prise)

Koriander (max. ½ TL)

Regenbogenaufstrich pink

Davon brauche ich noch:

Rote Bete (1-2 St.)

Öl zum Braten

Naturjoghurt (max. ½ Becher)

Magerquark, ersatzweise

Frischkäse (max. ½ Becher)

Meerrettich (max. 2 EL)

4-8 kleine saure Gurken

Räuchertofu in Scheiben (max. ½ Päckchen)

Pfeffer (1 Msp.)

Kräutersalz (1 Prise)

evtl. 1 Paar Gummihandschuhe

Notizen

Notizen

Notizen

Notizen

Gemüse-Pommes mit Ampel-Dip

Davon brauche ich noch:

Kohlrabi (½ – 1 St.)

1 reife Avocado

1 Salatgurke

Bierhefeflocken (1-2 TL)

Knoblauch (max. 1 Zehe)

1 Bund Petersilie (oder Topfpflanze)

1 Bund Schnittlauch

1 – 2 Frühlingszwiebeln

Tomatenmark (2-4 EL)

Curry, Salz, Pfeffer, flüssiger Honig

Schmand (max. 1 Becher)

Möhren (1-2 St.)

Witziges Gemüsekonfetti

Davon brauche ich noch:

Kohlrabi (½ bis 1 St.)

1 Eisbergsalat

1 rote Paprika

1 gelbe Paprika

Apfelpropeller und Apfelchips

Davon brauche ich noch:

2 Äpfel

1 Zitrone (ein paar Tropfen)

Holz-Zahnstocher

1 Holzstab

Rotes oder blaues Kartoffelpü

Davon brauche ich noch:

Blaue oder rote Kartoffeln
8- max. 16 Stück

Butter (1-2 TL)

Milch (1 Tasse)

Muskat (1-2 Prisen)

Salz (max. ½ TL)

Notizen

Notizen

Notizen

Notizen

Kartoffelrolle

Davon brauche ich noch:

mehligkochende Kartoffeln (4-8 Stück)

Kartoffelstärke (½-1 EL)

Erbsen (frisch oder tiefgekühlt, nicht aus der Dose, max. 2 Tassen)

Butter (max. 2 EL)

Salz (max. 2 TL)

Muskat

Möhrenbandnudeln

Davon brauche ich noch:

Frische Möhren (5-12)

Rapsöl (max. 4 EL)

Muskatpulver (max. ½ TL)

Salz und Pfeffer (1 Prise)

süße Sahne (4-9 EL)

Zitrone, Saft

Kohlrabi-Nudeln

Davon brauche ich noch:

Kohlrabi (4-8 St.)

Rapsöl oder anderes (1-2 EL)

Salz und Pfeffer (1 Prise)

Muskatpulver (max. ½ TL)

süße Sahne (3-5 EL)

Kartoffelpuffer-Allerlei

Davon brauche ich noch:

Kartoffeln (4-9 St.) mittelgroß

1-2 Zwiebeln

Mehl, 1-2 EL

Salz, Zimt (1 Prise)

Sonnenblumenöl (oder anderes)

Äpfel, am besten Boskop (2-4 St.)

1 Zitrone

Honig (max. 2 EL)

Notizen

Notizen

Notizen

Notizen

Kartoffel-Möhren-Miteinander

Davon brauche ich noch:

mehligkochende Kartoffeln
3- 6 St. mittelgroß

Möhren, 2-4 Stück

Eier, 1-2 Stück

Sonnenblumenkerne (max. 6 EL)

Butter max. 1 TL

Salz, Pfeffer

Muskat (½ TL)

Ausstechförmchen für Kekse

Crazy Burger

Davon brauche ich noch:

250 bis 500 g Hähnchen-
oder Putenhackfleisch

Sesam-Burgerbrötchen, groß
2-4 Stück

1 Zwiebel

1 Ei

Salz, Pfeffer

Senf, Cocktailsoße

Raps- oder Sonnenblumenöl (max. 1 EL)

1 Eisbergsalat

1-2 Tomaten

Gebackene Kräuterforelle

Davon brauche ich noch:

2-4 frische Forellen
oder tiefgekühlte

Kräuterbutter (max. 8 TL)

Salz und Pfeffer

1-3 Zitronen

1 Bund Petersilie

1 Bund Dill

Kürbis-Creme

Davon brauche ich noch:

Kürbis, für 2-4 Becher
voll Kürbiswürfel

1-2 Orangen

1 Zitrone

1-2 Eier

Salz (1 Prise)

flüssiger Honig (max. 2 EL)

1 Becher süße Sahne

3-6 Blätter weiße Gelatine

Notizen	Notizen
Notizen	Notizen

Grießpudding

Davon brauche ich noch:

Milch (2-4 Becher, max. 1 Liter)

Weizengries (1-2 Tassen)

Vanilleschote

süße Sahne (1 Becher)

Agavendicksaft oder Honig (max. 15 TL)

Kandierter Lagerfeuer Apfel

Davon brauche ich noch:

1 Lagerfeuer

2-4 Äpfel

Holzspieße für die Äpfel

Beerencreme

Davon brauche ich noch:

Milch (max. 1,5 Becher)

Ahornsirup (1-3 EL)

Stärke (max. 1 EL)

Beeren der Saison:
Brom,- Him- oder andere

süße Sahne (1 Becher)

Pfirsichschaum

Davon brauche ich noch:

4-10 Pfirsiche

1-2 Eier

weiße Gelatine (3-6 Blatt)

Agavendicksaft oder Honig (max. 3 EL)

Notizen	Notizen
Notizen	Notizen

Himbeer-Wackelpudding

Davon brauche ich noch:

200-500 g Himbeeren
oder Heidel- bzw. Brombeeren

Weiße Gelatine (3-6 Blatt)

Agavendicksaft oder Honig (max. 7 EL)

evtl. Minze (1-2 Blätter)

Muffins

Davon brauche ich noch:

1-2 Möhren

Butter (max. ½ St.)

cremiger Honig (max. 3 EL)

1-2 Eier

Dinkelvollkornmehl (max. 1 Becher)

geriebene Haselnüsse (3-6 EL)

Backpulver (1 Tüte)

10-12 Muffinförmchen (ca. 5 cm Durchmesser)

1 Zahnstocher

Geburtstagskuchen

Davon brauche ich noch:

Weizenvollkornmehl
(1 Becher)

Backpulver (2 TL)

Paniermehl (3 EL)

Kakao (3 EL)

1 Glas Akazienhonig ca. 200 gr

4 Eier

Butter (1 St.)

Milch (max. ¼ Tasse)

1 Holzzahnstocher

Kartoffelwaffeln

Davon brauche ich noch:

mehligkochende Kartoffeln,
1-3 Stück, mittelgroß
(oder Pellkartoffeln)

2-4 Eier

Sonnenblumen- oder Rapsöl
(max. 2 EL)

Pfeffer, Salz, Muskat (max. 1 Msp.)

Mehl (max. 2 Tassen)

Milch (max. 1 Tasse)

Notizen

Notizen

Notizen

Notizen

Knusperberge

Davon brauche ich noch:

Cornflakes ohne Zucker (3-5 Becher voll)

2-3 Eier

Butter (max. 1 St.)

flüssiger Honig (3-8 EL)

Vollkornmehl, 1,5-3 Tassen

Backpulver (max. ½ Tüte)

Rosinen (1 Tüte)

Backpapier

Zucchini Soufflé

Davon brauche ich noch:

2 Zucchini

Sesam, 3-6 TL

Salz, Pfeffer, Muskat (max. ½-1 TL)

1 Becher Schmand

1-2 Zitronen

3-5 Eier

Milch (max. 2 Tassen)

Mehl (max. 2 EL)

Butter (max. 4 TL)

Tigerhäppchen

Davon brauche ich noch:

4-8 Scheiben Vollkornbrot

2-4 Scheiben Käse nach Wahl

Eisbergsalat 2-4 Blätter

Butter (max. 1 EL)

evtl. Schnittlauch (1 EL)

Salat im warmen Mantel

Davon brauche ich noch:

2-6 Wraps, am besten große

1-2 Salatherzen, aber Eisbergsalat geht auch

Radieschen, Frühlingszwiebeln oder Zwiebeln, Mais und kleine Tomaten oder Cocktailtomaten

Notizen

Notizen

Notizen

Notizen

Salat

Davon brauche ich noch:

1 Salatkopf

1 Becher Schmand

1 Zitrone

1 Bund Petersilie (oder im Topf)

3-4 EL flüssiger Honig

Runzelkartoffeln mit Soßen Dipp

Davon brauche ich noch:

6-12 dünnschalige Heidekartoffeln (Frühkartoffeln eignen sich)

grobes Meersalz (kein klassisches Speisesalz)

3-5 Knoblauchzehen

normales Speisesalz (1-3 Prisen)

Weinessig (1 EL)

Olivenöl (max. 4 EL)

1 Bund Petersilie

Brot + Buttervarianten

Davon brauche ich noch:

1 Vollkornbrot

Butter, Senf

Kräutersalz, Salz, weißer Pfeffer (1 Prise)

geröstete Zwiebeln (max. 2 TL)

frische Kräuter: Schnittlauch, Basilikum (max. 2 EL)

Tomatenmark (max. 2 TL)

getrocknete Kräuter: Thymian, Majoran, Oregano,

Knoblauch (max. 1 Zehe)

Meerrettich (max. 2 TL)

Gazpacho

Davon brauche ich noch:

Gemüsebrühe (1-2 TL)

Basilikum (3-6 Blätter)

1-3 Scheiben Brot nach Wahl

1-2 Schalotten, 1 Salatgurke

Knoblauch (max. 1 Zehe)

1 grüne und 1 gelbe Paprika

4-8 große Tomaten

Olivenöl (2-3 EL)

Pfeffer, Salz (1 Prise)

Balsamico-Essig (max. 2 EL)

Notizen

Notizen

Notizen

Notizen

Kunterpunte Gemüsepizza

Davon brauche ich noch:

Vollkornmehl, 1-2 Becher voll

Hefe (max. 1 Päckchen)

Gewürze und Zucker (max. 1 TL)

Olivenöl, kaltgepresst
(geht auch anderes Öl, max. 3 EL)

Getrocknete Kräuter,
wie Oregano, Rosmarin, Basilikum

Knoblauch (1-2 Zehen)

Tomatenmark (kleine Pckg.)

geriebener Käse (3-8 EL)

Geflügelsalami (5 Scheiben)

Erbsen, Mais (max. 6 EL)

Champignons (max. 6 St.)

Tomaten (max. 2 St.)

Zwiebeln (max. 2 St.)

1 rote und 1 grüne Paprika

Mineralwasser classic (max. 1 Glas)

Brottorte

Davon brauche ich noch:

1 rundes Bauernbrot

1-2 Salatherzen

1 Salatgurke

2 Tomaten

10 Scheiben Geflügelwurst
oder Salami

10 Scheiben Käse nach Wahl

Butter (max. ¼ St.)

Notizen

Notizen

Memory-Spiel

Auf den 64 Memory-Karten findet ihr die Fotos von Gerichten aus diesem Buch. Jedes Bild ist doppelt. Schneidet die Karten aus und legt sie mit der Bildseite nach unten auf den Tisch. Derjenige, der anfängt, dreht 2 Karten um. Wenn auf beiden Karten das gleiche Bild ist, darf er die 2 Karten behalten und bekommt einen Punkt dafür. Wenn nicht, müssen die Karten wieder umdgedreht werden. Alle versuchen, sich natürlich zu merken, wo Karten mit gleichen Bildern liegen.
Wer ein Paar gefunden hat, ist gleich noch einmal dran und darf 2 weitere Karten umdrehen. Wer am Schluß die meisten Punkte hat, ist der Sieger.

Viel Spaß!

Die Reise ist nun zu Ende – es war toll mit Euch! Wir hoffen, es hat Euch gefallen.

Besucht uns doch mal. Bei www.hierkochenwir.de könnt Ihr Fragen stellen, Erfahrungen austauschen und Tipps bekommen.

Auflösung von Seite 11

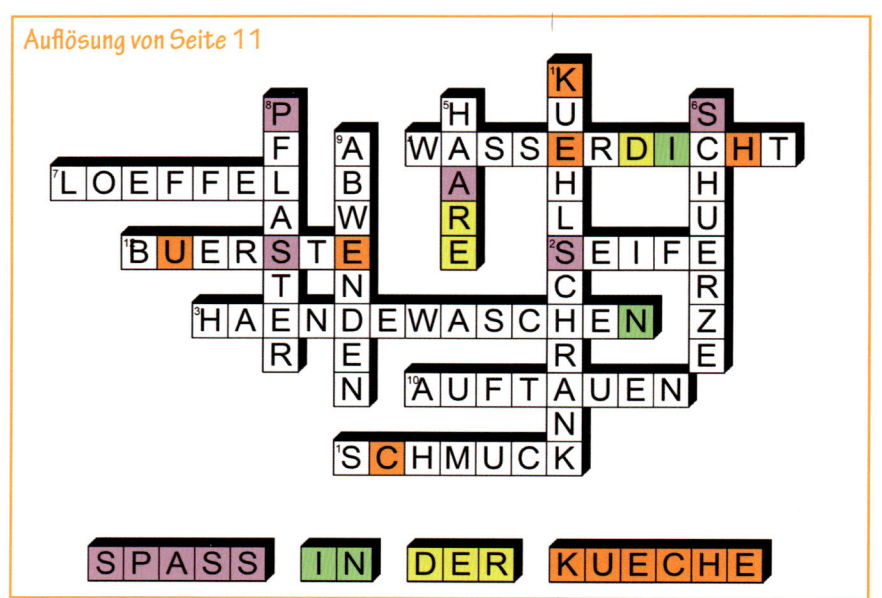

SPASS IN DER KUECHE

Auflösung von Seite 100